Reform und Revolte

**Zeitgeschichte
im Gespräch
Band 12**

Herausgegeben vom
Institut für Zeitgeschichte

Redaktion:
Bernhard Gotto, Thomas Schlemmer
und Hans Woller

Reform und Revolte

Politischer und gesellschaftlicher Wandel
in der Bundesrepublik vor und nach
1968

Herausgegeben von
Udo Wengst

Oldenbourg Verlag München 2011

Bibliografische Information der Deutschen Nationalbibliothek
Die Deutsche Nationalbibliothek verzeichnet diese Publikation in der Deutschen
Nationalbibliografie; detaillierte bibliografische Daten sind im Internet über
http://dnb.d-nb.de abrufbar.

Titelbild: Ralf Dahrendorf und Rudi Dutschke in Freiburg, 1968
Quelle: picture-alliance/dpa/Fritz Reiss

1. Nachdruck 2013

© 2011 Oldenbourg Wissenschaftsverlag GmbH, München
Rosenheimer Straße 145, D-81671 München
www.oldenbourg-verlag.de

Das Werk einschließlich aller Abbildungen ist urheberrechtlich geschützt. Jede Verwertung außerhalb der Grenzen des Urheberrechtsgesetzes ist ohne Zustimmung des Verlages unzulässig und strafbar. Dies gilt insbesondere für Vervielfältigungen, Übersetzungen, Mikroverfilmungen und die Einspeicherung und Bearbeitung in elektronischen Systemen.

Konzept und Herstellung: Karl Dommer
Einbandgestaltung: hauser lacour
Satz: Dr. Rainer Ostermann, München
Gesamtherstellung: Books on Demand GmbH, Norderstedt
Dieses Papier ist alterungsbeständig nach DIN/ISO 9706

ISBN 978-3-486-70404-4
eISBN 978-3-486-71172-1

Inhalt

Udo Wengst
Einleitung 7

I. Entzauberte „68er"! Thesen und Interpretationen

Patrick Bernhard
„Make love not war!"
Die APO, der Zivildienst und die sozialliberale Koalition. 11

Bastian Hein
Entwicklungshilfe, internationale Solidarität oder Weltinnenpolitik? Der Umgang mit der „Dritten Welt" als Gradmesser
des Reformklimas 31

Anne Rohstock
Nur ein Nebenschauplatz. Zur Bedeutung der „68er"-
Protestbewegung für die westdeutsche Hochschulpolitik......... 45

Manfred Kittel
Das Frankfurter Modell kommunaler Kulturpolitik. Anspruch und
Wirklichkeit einer „Demokratisierung" der Gesellschaft 61

Elisabeth Zellmer
Zwischen gesellschaftlichem Wandel und weiblicher
Parteilichkeit. Frauenbewegung und Feminismus der 1970er Jahre
in München 75

II. Entzauberte „68er"? Nachfragen und Einwände

Axel Schildt
Überbewertet? Zur Macht objektiver Entwicklungen
und zur Wirkungslosigkeit der „68er"..................... 89

Ingrid Gilcher-Holtey
1968 – War da was? 103

Abkürzungen 121

Autorinnen und Autoren 123

Udo Wengst
Einleitung

Bis heute bewegt „1968" die Gemüter. Dies hat nicht zuletzt die Buchproduktion im Jahr 2008 gezeigt. 40 Jahre nach der Studentenrevolte und dem Höhepunkt der Aktionen der Außerparlamentarischen Opposition erschienen zahlreiche Werke, in denen sich neben Historikern und Journalisten vor allem ehemalige Akteure der „68er"-Bewegung mit den damaligen Ereignissen und ihrer Wirkungsgeschichte auseinandersetzten[1]. Insbesondere letztere betonten mit Nachdruck, dass ihr Wirken eine Zäsur in der bundesdeutschen Geschichte darstelle, dass die Demokratie in der Bundesrepublik eigentlich erst Ende der 1960er Jahre begonnen habe. Die ersten 20 Jahre der Bundesrepublik, die Ära Adenauer und ihre Ausläufer, erscheinen ihnen als eine Zeit der „Restauration", von der sich die Jahre danach lichtvoll absetzten.

Die Wirkungsmächtigkeit dieses Narrativs ist auch darauf zurückzuführen, dass 1969 eine sozialliberale Bundesregierung die Amtsgeschäfte übernahm, die „mehr Demokratie wagen" wollte. In seiner ersten Regierungserklärung stellte Bundeskanzler Willy Brandt zudem fest, dass die Bundesrepublik nach dem „Machtwechsel" von 1969 „nicht am Ende unserer Demokratie" stehe, sondern mit der Demokratie erst richtig anfangen werde. Damit betonte auch der neue Bundeskanzler den Zäsurcharakter der ausgehenden 1960er Jahre, so dass im Nachhinein gar von einer „Umgründung" der Republik gesprochen worden ist (Manfred Görtemaker).

Seit Beginn der 1970er Jahre begaben sich viele „68er" auf den „Marsch durch die Institutionen" (Rudi Dutschke). Nicht wenige von ihnen gelangten in einflussreiche Positionen innerhalb der SPD und der von ihr geführten Regierungen im Bund und in den Ländern sowie in die Verwaltungen der Kommunen. Sie veränderten die Mehrheitsverhältnisse an der Basis der sozialdemokratischen Partei und trugen damit zur Wandlung des überkommenen Milieus bei. Sie eroberten die Leitungsebene in den Gewerkschaften und anderen gesellschaftlichen Organisationen, sie erreichten die Chefetagen der Medien – vom Fernsehen über den Rundfunk bis hin zu Zeitschriften und Zeitungen – und sie gewannen Einfluss auf die Theater

---

[1] Vgl. dazu z. B. Udo Wengst, „1968" – 40 Jahre danach. Ein Literaturbericht, in: sehepunkte 9 (2009) Nr. 1; www.sehepunkte.de/2009/01/14414.html.

szene und die Museumslandschaft. Dies führte nicht zuletzt dazu, dass die ehemaligen „68er" die Deutungshoheit über ihre eigene Wirkungsgeschichte erhielten und diese bis heute weitgehend aufrechterhalten konnten.

Ende der 1990er Jahre haben im Institut für Zeitgeschichte in München Diskussionen über ein Forschungsprojekt begonnen, das die Frage nach dem Zäsurcharakter der ausgehenden 1960er Jahre untersuchen sollte. Dies schien deshalb geboten, da ihn nicht nur die ehemaligen „68er" und ihre Adepten betonten, sondern auch von konservativer Seite eine entsprechende Auffassung vertreten wurde. In der Bewertung der Folgen dieser Zäsur gingen die Meinungen aber weit auseinander. Während „die Linke" die im Verlauf der 1970er Jahre deutlich sichtbar werdenden politischen und gesellschaftlichen Wandlungsprozesse ausgesprochen positiv bewertete, vermochten die Konservativen hierin nur eine Bedrohung für die politische und gesellschaftliche Stabilität und Ordnung zu entdecken.

Das im Institut schließlich in Angriff genommene Forschungsprojekt sollte der Frage nachgehen, ob die Ereignisse um das Jahr 1968 im Wesentlichen schon die Folge eines früher einsetzenden gesellschaftlichen Wandels waren, der dann in manchen Sektoren von Staat und Gesellschaft eine gewisse Beschleunigung erfuhr, oder ob tatsächlich erst die von „1968" ausgehenden Anstöße einen Reformschub bewirkt haben. Um es kurz zu sagen, war es das Ziel des Projekts, den Zusammenhang von Reform und Revolte auszuloten.

Die Fruchtbarkeit dieser Fragestellung ist parallel beziehungsweise mit einer gewissen Zeitverzögerung auch von anderen Historikern erkannt worden und in verwandte Projekte eingeflossen. Hinweisen möchte ich hier nur auf die Arbeiten, die Ulrich Herbert in Freiburg betreut oder betreut hat und die er in einem anregenden Sammelband mit einer weiterführenden Einleitung vorgestellt hat[2]. Ebenso einschlägig ist ein Sammelband, den Christina von Hodenberg und Detlef Siegfried herausgegeben haben. Auch er untersucht den Zusammenhang von Reform und Revolte, tut dies aber bis auf den Zivildienst in anderen Themenbereichen als das Projekt des Instituts für Zeitgeschichte[3]. Für dieses sind mehrere Themenfelder ausgewählt worden, in denen die Wandlungsprozesse offensichtlich scheinen und die sich deshalb jeweils als Untersuchungsgegenstand im besonderen Maße eigneten. Dies waren der Zivildienst und die Entwicklungspolitik, die

---
[2] Vgl. Ulrich Herbert (Hrsg.), Wandlungsprozesse in Westdeutschland. Belastung, Integration, Liberalisierung 1945–1980, Göttingen 2002.
[3] Vgl. Christina von Hodenberg/Detlef Siegfried (Hrsg.), Wo „1968" liegt: Reform und Revolte in der Geschichte der Bundesrepublik, Göttingen 2006.

Hochschulreform und Hochschulrevolte sowie die Kulturpolitik in Frankfurt am Main und die Frauenbewegung in München.

Der Auswahl lag unter anderem die Überlegung zugrunde, Themenfelder ausfindig zu machen, die auf Bundes- (Zivildienst, Entwicklungspolitik), Landes- (Hochschulreform und Hochschulrevolte) und kommunaler Ebene (Kulturpolitik in Frankfurt am Main, Frauenbewegung in München) angesiedelt sind. Die Untersuchung der Hochschulreform und Hochschulrevolte bezieht sich auf Bayern und Hessen und nimmt dabei zwei Länder in den Blick, in denen nach allgemeiner Auffassung konträre Konzepte verfolgt worden sind und politische Entwicklungen stattgefunden haben, die durchaus unterschiedlich verlaufen sind. Alle Projekte widmen sich einem längeren Zeitraum, der im Einzelnen etwas variiert, aber jeweils so gewählt ist, dass „1968" mit seiner Vor- und Wirkungsgeschichte in den historischen Kontext eingeordnet werden kann.

Was die Länderebene betrifft, hätten wir gerne noch ein ergänzendes, ebenfalls vergleichendes Projekt zur Umweltpolitik durchgeführt. Dies ist aber an mangelnden Finanzierungsmöglichkeiten gescheitert. Finanzielle Engpässe haben darüber hinaus dazu geführt, dass das Projekt insgesamt zeitlich sehr gestreckt werden musste. So sind die ersten beiden Bände (Zivildienst, Entwicklungspolitik) bereits 2005 und 2006 erschienen[4]. Die Studie zur Hochschulreform und Hochschulrevolte ist 2010 publiziert worden[5], und die beiden Werke zur Kulturpolitik in Frankfurt am Main und die Frauenbewegung in München werden 2011 veröffentlicht[6].

Vorliegender Band soll dazu dienen, die Projektergebnisse pointiert zusammenzufassen und zur Diskussion zu stellen. Deshalb habe ich Ingrid Gilcher-Holtey und Axel Schildt, beide bestens ausgewiesene Experten für die Gesellschaftsgeschichte der Bundesrepublik und die „68er"-Bewegung, um einen Kommentar gebeten. Ich bedanke mich bei ihnen herzlich, dass sie meiner Bitte nachgekommen sind. Wie erwartet setzen sich beide kritisch mit den Thesen des IfZ-Projekts auseinander, da sie auf der Basis ihrer eige-

---

[4] Vgl. Patrick Bernhard, Zivildienst zwischen Reform und Revolte. Eine bundesdeutsche Institution im gesellschaftlichen Wandel 1961–1982, München 2005; Bastian Hein, Die Westdeutschen und die Dritte Welt. Entwicklungspolitik und Entwicklungsdienste zwischen Reform und Revolte 1959–1974, München 2006.
[5] Vgl. Anne Rohstock, Von der „Ordinarienuniversität" zur „Revolutionszentrale"? Hochschulreform und Hochschulrevolte in Bayern und Hessen 1957–1976, München 2010.
[6] Vgl. Manfred Kittel, Marsch durch die Institutionen? Politik und Kultur in Frankfurt nach 1968, München 2011; Elisabeth Zellmer, Töchter der Revolte? Frauenbewegung und Feminismus in den 1970er Jahren in München, München 2011.

nen Forschungsarbeiten, deren Fragestellung und Methodik anders ausgerichtet sind, die politisch-gesellschaftliche Wirkung von „1968" bei weitem höher einschätzen. So ist dieser Band im Ergebnis das geworden, was diese Reihe bieten möchte: „Zeitgeschichte im Gespräch".

Patrick Bernhard
„Make love not war!"
Die APO, der Zivildienst und die sozialliberale Koalition

1. Liebe statt Krieg

Am 15. Januar 1969 herrschte an der Hildegard-von-Bingen-Schule in Köln helle Aufregung: Im traditionsreichen katholischen Mädchengymnasium war vor Unterrichtsbeginn ein Flugblatt zur Verteilung gekommen, das unter der Überschrift „Make love not war!" nicht nur zur Verweigerung des Wehrdiensts, sondern auch zum Geschlechtsverkehr aufrief[1]. Kriege und Aggressionen seien nämlich auf die Unterdrückung der Libido zurückzuführen, hieß es zur Begründung. Während man im Bett Zärtlichkeit lerne, bilde die Bundeswehr zum brutalen Töten aus. Dem Rekruten zeige man dort etwa, „wie er seinen Spaten zu schleifen hat, wie damit auf den Feind einzuschlagen ist, dass dessen Schädel sich spaltet und die Hirnmasse recht ordentlich spritzt". Statt zum „Bund" zu gehen, sollten die jungen Männer deshalb besser ihre Freundinnen lieben. Zur Veranschaulichung lieferte das Flugblatt auch gleich die Handzeichnung eines Liebesakts mit.

Am Ende der 1960er Jahre sorgte das noch für blankes Entsetzen. Und das betraf nicht nur den „obszönen Charakter" der Illustration, wie die merklich erschütterte Direktorin der Schule formulierte. Auch der Aufruf zur Wehrdienstverweigerung war in ihren Augen ein handfester politischer Skandal. Deshalb verständigte die Schulleiterin umgehend den Staatsschutz von Nordrhein-Westfalen. Wenig später schickte die Behörde tatsächlich einen Ermittler zur Schule. Dieser konnte jedoch nur mehr feststellen, dass als Verteiler des Flugblatts ein Bartträger in Frage komme. In Zeiten langer Männermähnen und rauschender Vollbärte war das natürlich kein sonderlich hilfreiches Erkennungsmerkmal.

Wer sich hier mit „Make love not war!" den wohl berühmtesten Slogan der amerikanischen Protestbewegung gegen den Vietnamkrieg zu Eigen gemacht hatte, war eine örtliche Gruppierung der Außerparlamentarischen

---

[1] Flugblatt des Arbeitskreises Kriegsdienstverweigerung im Republikanischen Club Köln, verantwortlich: Winfried Schwamborn, verteilt unter anderem am 15.1.1969 vor der Hildegard-von-Bingen-Schule in Köln; abgedruckt in: Kurt Holl/Claudia Glunz (Hrsg.), 1968 am Rhein. Satisfaction und Ruhender Verkehr, Köln 1998, S. 145.

Opposition (APO), wie ihr westdeutsches Pendant häufig genannt wurde. Die Ereignisse an dem Kölner Gymnasium waren dabei kein Einzelfall. Die Flugblattaktion war vielmehr Teil einer breit angelegten Kampagne, die der radikale Flügel der APO im Jahr 1968 gegen das westdeutsche Militär startete. In deren Zentrum stand der Aufruf zur Kriegsdienstverweigerung, die als politisches Kampfinstrument gegen die angeblich zutiefst militaristische Bundesrepublik dienen sollte. Erklärtes Ziel war es, aus der Ablehnung der Bundeswehr ein Massenphänomen zu machen und damit die Streitkräfte und deren pseudozivile Variante, wie die radikalen Studenten den Zivildienst nannten, zu lähmen. Den Staat wollte man auf diese Weise zu weitreichenden Zugeständnissen in Form von Reformen zwingen.

Um das zu beschleunigen, trugen Mitglieder der APO, die den Wehrdienst verweigert hatten und in den Zivildienst überstellt worden waren, die studentische Unruhe auch in Altenheime und Krankenhäuser. Dort kam es um das Jahr 1968 tatsächlich zu zahlreichen kulturrevolutionär aufgeladenen Protesten und Streiks.

Auf den ersten Blick schien den Bemühungen der APO ein enormer Erfolg beschieden. So stieg genau auf dem Höhepunkt der Studentenproteste im Jahr 1968 die Zahl der Verweigerer sprunghaft an. Hatten in den Jahren zuvor lediglich ein paar Tausend junge Männer den Wehrdienst abgelehnt, kehrten nun auf einmal mehr als 10 000 Wehrpflichtige der Bundeswehr den Rücken. Zudem wandelten sich um das Jahr 1968 die Motive der Verweigerer. Christliche Beweggründe verloren immer mehr an Bedeutung und wurden zusehends durch politische Argumente abgelöst. Für die Zeitgenossen war schnell klar: Dieser Trend weg von Jesus Christus und hin zu Karl Marx war eine Folge der „68er"-Revolte. Gleiches galt für die umfassende Reform des Zivildiensts, die die sozialliberale Koalition ab 1969 in Angriff nahm. Auch sie wurde als unmittelbare Reaktion auf die Proteste gedeutet. „Es war wie bei den Universitäten", schrieb die liberale Wochenzeitung *Die Zeit* hierzu: „Erst musste Radau sein, ehe sich der Staat zu Reformen bequemte."[2]

These des vorliegenden Beitrags ist indes, dass es sich hierbei weitgehend um eine Fehlwahrnehmung handelte. Der „68er"-Protestbewegung kommt in keinem der hier angeführten Felder die Wirkung zu, die ihr von zeitgenössischen Beobachtern unterstellt wurde. Zum einen waren die Veränderungen

---

[2] Die Zeit vom 23. 10. 1970: „Als Außenseiter bei Außenseitern" (Karl-Heinz Janssen). Zur zeitgenössischen Wahrnehmung, die Proteste an den Universitäten hätten zu weitreichenden Bildungsreformen geführt, vgl. den Beitrag von Anne Rohstock in diesem Band.

im Zivildienst um das Jahr 1968 die Folge eines ungleich breiteren gesellschaftlichen Wandels, in dem die „68er" nur den besonders lautstarken Teil einer ansonsten „stillen Revolution" darstellten. Zum anderen fand der gesellschaftliche Wandel auf der politischen Ebene keine Entsprechung: Die sozialliberale Regierung reagierte nicht mit liberalisierenden Reformen auf die Unruhe im Zivildienst. Vielmehr herrschte von den 1950er Jahren bis in die späten 1970er Jahre eine ausgesprochen restriktive staatliche Zivildienstpolitik vor, die gerade auf die Verhinderung dieses gesellschaftlichen Wandels zielte. Das heißt, es kam trotz der rasanten Individualisierung der westdeutschen Gesellschaft seit dem Ende der 1950er Jahre im Zivildienst nicht zur Stärkung individueller Rechte gegenüber dem Staat. Die von der Zeitgeschichtsforschung konstatierte „Fundamentalliberalisierung" (Ulrich Herbert) der Bundesrepublik blieb damit in diesem politischen Handlungsfeld aus.

Diese These wird in drei Schritten entfaltet: Zunächst soll der Blick auf die Entwicklung der Wehrdienstverweigerung bis 1968 gerichtet werden. Hier zeigt sich, dass unter der Druckglocke des Kalten Kriegs überkommene Vorstellungen von Soldatentum im westlichen Nachkriegsdeutschland konserviert wurden. Umgekehrt galten im „Frontstaat Bundesrepublik" Wehrdienstverweigerer mehr noch als in anderen westlichen Staaten als systemgefährdend[3].

In einem zweiten Schritt wird danach gefragt, welche Wirkungen die APO-Kampagne unter westdeutschen Jugendlichen tatsächlich erzielte. Wie bereits zeitgenössische Untersuchungen zu den Motiven von Wehrdienstverweigerern ergaben, spielten die „Ideen von ‚68'," für diese Gesellschaftsgruppe eine weitaus geringere Rolle als bisher angenommen. Die steigenden Verweigererzahlen hatten vor allem mit dem Nachlassen des Antikommunismus infolge der westlichen Entspannungspolitik zu tun, sind aber auch auf gewandelte Geschlechterrollen und die beispiellose Sozialstaatsexpansion ab Ende der 1960er Jahre zurückzuführen, die das Bewusstsein für soziale Fragen erheblich schärfte.

Im dritten Teil wird schließlich gezeigt, dass die seit 1969 amtierende sozialliberale Koalition diesen vielschichtigen Wandel unter den westdeutschen Jugendlichen nur sehr begrenzt wahrnahm. Willy Brandt und insbesondere Helmut Schmidt deuteten die steigenden Verweigererzahlen und die wachsende Unruhe nämlich keineswegs positiv als zu begrüßenden Bewusstseinswandel in der westdeutschen Jugend, sondern führten diese Entwicklungen

---

[3] Vgl. Christian Th. Müller/Dierk Walter (Hrsg.), Ich dien' nicht! Wehrdienstverweigerung in der Geschichte, Berlin 2008.

auf den unheilvollen Einfluss der APO und den Egoismus einer angeblich zunehmend freizeit- und konsumversessenen Jugend zurück. Entsprechend restriktive Maßnahmen ergriff die sozialliberale Koalition, die sich damit in eine bemerkenswerte Kontinuität zu ihren Vorgängerregierungen stellte. Allerdings ließ sich der gesellschaftliche Wandel politisch nicht zurückdrehen. Der Zivildienst erhielt im Gegenteil, wenn auch ungewollt, einen immer größeren Stellenwert im Gefüge des bundesrepublikanischen Staates.

2. Ein ungeliebtes Kind der Bonner Republik: der Zivildienst vor 1968

Bis 1968 war die Wehrdienstverweigerung ein völlig randständiges gesellschaftspolitisches Thema. Für die meisten Jugendlichen war es die Norm, ihren Dienst in der neu aufgebauten Bundeswehr zu leisten. Die wenigen tausend jungen Männer, die jedes Jahr ihr grundgesetzlich verbrieftes Recht auf Kriegsdienstverweigerung in Anspruch nahmen und lieber Zivildienst leisten wollten, galten dagegen als gesellschaftliche Außenseiter. Damit hatte nach den heftigen Auseinandersetzungen um die Wiederbewaffnung kaum jemand in Bonn gerechnet. Doch dass nur so wenige der Bundeswehr den Rücken kehrten, hatte triftige Gründe. Das lag nicht nur daran, dass die Kriegsdienstverweigerung damals eines der unbekanntesten Grundrechte war. Hinzu kam, dass das Militär in weiten Teilen der Bevölkerung trotz Weltkrieg und Nationalsozialismus nicht in dem Umfang an Prestige eingebüßt hatte, wie das gemeinhin angenommen wird. Militärisch konnotierte Werte jedenfalls erlitten nach 1945 keinen dramatischen Bedeutungsverlust. Im Gegenteil: Der „Bund" galt selbst unter jungen Menschen nach wie vor als wertvolle Erziehungseinrichtung zur Vermittlung bürgerlicher Werte wie Disziplin, Ordnung und Gehorsam, für die das Militär seit dem 19. Jahrhundert stand. Außerdem empfanden es nicht wenige Jugendliche als zutiefst unmännlich, im Zivildienst klassische Frauenarbeiten wie die Pflege kranker und alter Menschen zu verrichten. Traditionelle Vorstellungen von Geschlechterrollen waren in der unmittelbaren Nachkriegszeit also noch keineswegs in der Auflösung begriffen. Umgekehrt haftete Verweigerern nach 1945 noch immer das Odium der feigen, weil unmännlichen „Drückebergerei" an. Das war ein bereits im 19. Jahrhundert bekanntes Stereotyp, das von der nationalsozialistischen Propaganda aber noch einmal ganz erheblich befeuert worden war. Die Nationalsozialisten hatten die deutsche Gesellschaft im Krieg zu stabilisieren gesucht, indem sie „Abweichler" ausgrenzten, verfolgten und schließlich sogar ermordeten. Nicht weniger als 30 000 Sol-

daten waren wegen Fahnenflucht, Verweigerung und „Wehrkraftzersetzung",
wie das damals hieß, zum Tode oder zu langjährigen Haftstrafen verurteilt
worden. Politik und Justiz zementieren nach 1945 das Drückebergerklischee
noch, indem sie die Deserteure der Wehrmacht nicht rehabilitierten. Nach
Ansicht bundesdeutscher Gerichte erfüllte das nämlich nicht den Tatbestand
nationalsozialistischer Verfolgung, vielmehr seien die Soldaten nach den geltenden militärischen Gesetzen abgeurteilt worden. Damit wurde nicht nur
NS-Unrecht bestätigt. Es kam auch zu einer mentalen Kriminalisierung
von jungen Menschen, die nun in der Bundesrepublik den Dienst an der
Waffe ablehnen wollten.

Eine außerordentlich wichtige Rolle spielte in diesem Kontext der Kalte
Krieg. Unter dem Eindruck realer wie imaginierter militärischer Bedrohung
durch die Warschauer Paktstaaten fiel es leicht, Verweigerer als fünfte Kolonne
Moskaus zu stigmatisieren. Wer den Militärdienst ablehne, sei schlicht ein
Kommunist, wurden selbst junge Männer aus gewerkschaftlichem Umfeld
von ihren Kollegen am Arbeitsplatz verhöhnt.

Auch die staatlichen Prüfungskommissionen für Wehrdienstverweigerer
besaßen eine abschreckende Wirkung. Die Mütter und Väter des Grundgesetzes hatten nämlich 1949 entschieden, dass nur sogenannte Grundsatzpazifisten, die den Dienst an der Waffe als absolut unvereinbar mit ihrem
Gewissen ablehnten, Anerkennung finden sollten. Um das sicherzustellen,
baute die Bundeswehrbürokratie wenig später einen eigenen gerichtsähnlichen Prüfapparat auf. Das Gewissen seiner jungen Bürger wollte der neue
Staat so justiziabel machen. Vor Kommissionen, denen ein Beamter des
Verteidigungsministeriums vorsaß, hatte der Betreffende schlüssig zu erklären, warum er den Waffendienst nicht mit seinen Grundauffassungen von
Gut und Böse vereinbaren konnte. Die Beweislast lag damit nicht beim
Staat, sondern beim Antragsteller.

Den nahmen die staatlichen Prüfer häufig regelrecht ins Kreuzverhör,
das durchaus mehrere Stunden dauern konnte. Vor allem für Jugendliche
aus bildungsfernen Schichten bedeutete die mündliche Anhörung deshalb
eine riesige psychologische Hürde. „Das schaffen nur besonders Clevere
und solche, die einen reichen Vater haben, der einen guten Anwalt bezahlen
kann", fasste einmal ein evangelischer Religionslehrer die vorherrschende
Meinung unter seinen Berufsschülern zusammen[4]. Gleichwohl wurden bis
1967 80 Prozent der Antragsteller anerkannt.

---

[4] ACDP, I-239-022/2, Ausarbeitung von Wolfgang Riedl: „Das Grundrecht auf
Kriegsdienstverweigerung in der Bundesrepublik Deutschland. Erfahrungen aus der

Ausgesprochen abschreckend wirkte schließlich der 1961 ins Leben gerufene Zivildienst selbst. Das war durchaus gewollt, denn die Regierung Konrad Adenauers hatte von Beginn an das Ziel, den Zivildienst möglichst unattraktiv auszugestalten und damit Wehrpflichtige im Interesse der Bundeswehr von einer Verweigerung abzuhalten. Die Institution geriet damit zu einer wichtigen Stellschraube, mit der die Regierung die personelle Situation der Streitkräfte steuern wollte. Tatsächlich plante die Regierung Adenauer zunächst einen Zivildienst mit stark militärischem Charakter, der sich organisatorisch und von seinen Aufgabenstellungen her an den nationalsozialistischen Reichsarbeitsdienst angelehnt hätte. So sollten Verweigerer etwa uniformiert und zum Deichbau herangezogen werden.

Diese Pläne ließen sich zwar nicht durchsetzen. Selbst Parlamentarier aus den Reihen der CDU und CSU befürchteten nämlich ein Wiederaufleben dieser paramilitärischen NS-Organisation und votierten stattdessen für einen liberalen Zivildienst nach angloamerikanischem Muster. In der Praxis erwies sich diese Grundsatzentscheidung jedoch als weitgehend wirkungslos: Nach dem Willen des damals zuständigen Arbeitsministeriums wurden Kriegsdienstverweigerer im Zivildienst dann doch geschlossen untergebracht und unterlagen einer relativ strikten Disziplin und Kontrolle nach dem Vorbild der Bundeswehr.

Seiner restriktiven Ausgestaltung entsprechend fehlte dem Zivildienst anfangs eine eigenständige Zielsetzung. Sein vorrangiger Zweck sei es, so hochrangige Bürokraten, Verweigerer „einem dem Wehrdienst in zeitlicher und körperlicher Hinsicht gleichwertigen Dienst zu unterwerfen"[5]. Erst in zweiter Linie stehe der Dienst am Nächsten. Nicht zufällig hieß die Einrichtung damals noch „ziviler Ersatzdienst". Damit sollte die „Minderwertigkeit" der Einrichtung sinnfällig zum Ausdruck kommen, denn einige Mitglieder der CDU/CSU-Bundestagsfraktion waren überzeugt, dass die Kriegsdienstverweigerer „durch ihre Haltung keinen echten Beitrag zur Erhaltung des Friedens leisten". Dessen dürften sich nur diejenigen rühmen, die sich ihrer staatsbürgerlichen Verpflichtung nicht entzögen[6].

Praxis eines Synodalbeauftragten für Wehrpflichtige und Kriegsdienstverweigerer und Vorschläge zur Verbesserung der Situation" vom 1.3.1974.

[5] BA-MA, BW/1 317729, Ergebnisniederschrift über die Arbeitstagung mit den Dezernenten V 1 der Wehrbereichsverwaltungen und den Vorsitzenden der Prüfungsausschüsse und Prüfungskammern für Kriegsdienstverweigerer am 22.-23.2.1968 in Maria Laach.

[6] So Paul Bausch (CDU) in der Sitzung der Unionsfraktion im Bundestags am 3.7.1956, in: Die CDU/CSU-Fraktion im Deutschen Bundestag. Sitzungsprotokolle 1953–1957, 2. Halbbd. 1956–1957, bearb. von Helge Heidemeyer, Düsseldorf 2003, S. 1158.

Dass der Zivildienst lange ein ungeliebtes Kind der Bonner Republik war, zeigt sich vor allem daran, wie schlecht er in der Anfangszeit administriert wurde. Das begann bereits beim Prüfungsverfahren. Vielfältige Missstände führten zum einen dazu, dass die Anerkennungsverfahren mit durchschnittlich zwei Jahren sehr lange dauerten. Zum anderen konnten aufgrund personeller Engpässe bis 1967 nicht alle Zivildienstpflichtigen auch tatsächlich einberufen werden. Das hatte fatale Folgen für das Image von Verweigerern: Weil sie oftmals – freilich ohne eigenes Verschulden – überhaupt keinen Dienst ableisteten, galten sie einmal mehr als „Drückeberger".

Massive Kritik an den Problemen wurde zwar umgehend laut. So forderten Teile der SPD, der Gewerkschaften und vor allem kirchliche Gruppierungen Teilreformen ein. Insbesondere stritten sie für die Abschaffung des als „Gewissensinquisition" bezeichneten Prüfungsverfahrens und die Einführung eines Beirats, der den beteiligten Verbänden mehr Mitwirkungsmöglichkeiten an der Ausgestaltung des Zivildiensts eröffnen sollte. Der Zivildienst war nach den Vorstellungen der Kritiker grundlegend umzugestalten. Man wollte die Institution aus ihrem militärischen Zusammenhang herauszulösen und in einen sogenannten Friedensdienst mit eigener Zielsetzung umwandeln, der im Rahmen der Entwicklungshilfe abgeleistet werden sollte[7]. Dahinter stand die Vermutung, dass sich die größten globalen Problemlagen nicht mehr aus der Konfrontation zwischen dem Westen und dem Ostblock ergäben, sondern aus dem Verhältnis des entwickelten Nordens zum unterentwickelten Süden in der sogenannten Dritten Welt. Das sei, wie es hieß, der eigentliche „Klassenkampf des 20. Jahrhunderts"[8].

Solche Forderungen verhallten in Bonn jedoch fast ungehört. Das galt selbst für die seit 1966 amtierende Große Koalition, der mittlerweile von der Forschung eine sehr hohe Reformbereitschaft attestiert wird. Die Probleme, die sich insbesondere beim Prüfungsverfahren und der Ausgestaltung des Zivildiensts ergaben, wollte man in den Ministerien der Hauptstadt schlicht nicht angehen. Es gebe keine Notwendigkeit für grundlegende Änderungen, entschied Justizminister Gustav Heinemann noch im Sommer 1968 gegenüber 70 Zivildienstleistenden. Diese hatten sich in einer Sammeleingabe mit der Bitte an ihn gewandt, das Anerkennungsverfahren zu reformieren und auch die Mängel beim Zivildienst zu beheben[9].

---

[7] Vgl. hierzu den Beitrag von Bastian Hein in diesem Band.
[8] EZA, 73/11, Protokoll der Akademie-Tagung über Fragen des Ersatzdiensts vom 16.-17. 5. 1966 in der Evangelischen Jugendakademie Radevormwald.
[9] EZA, 73/22, Sammelbrief von 70 Zivildienstleistenden aus Bethel an Bundesjustizminister Gustav Heinemann betr. Ziviler Ersatzdienst vom 23. 7. 1968.

3. Von lauten und leisen Revolutionen: die APO-Kampagne, steigende Verweigererzahlen und der Wertewandel

An einer Reform des Bestehenden hatte die „68er"-Protestbewegung, die just in diesem Sommer auch den Zivildienst erreichte, überhaupt kein Interesse mehr. Zwar verlangte die APO vordergründig die Demokratisierung der Institution, weil sie hoffte, mit dieser schon seit längerem erhobenen Forderung sehr viele Menschen mobilisieren zu können. Insgeheimes Ziel war es jedoch, sowohl die Bundeswehr als auch dessen angeblich pseudozivile Variante überhaupt zu zerschlagen. Beide seien wichtige Herrschaftsstützen eines zutiefst inhumanen Systems, in denen Jugendliche durch Drill, Befehl und Gehorsam zu autoritätsfixierten Menschen geformt und danach „umso leichter und kritikloser als kleine Rädchen in die Gesellschaft integriert" würden[10]. Besonders perfide sei die Existenz des Zivildiensts: Er gaukle auf ausgesprochen manipulative Weise staatliche Toleranz vor und verschleiere damit die wahren Verhältnisse.

Um das bundesdeutsche Wehrsystem zu unterminieren, rief die APO zu massenhafter Verweigerung auf. Der Bundeswehr wollte man so die benötigten Rekruten entziehen und den Zivildienst, der ohnehin schon unter organisatorischen Problemen litt, durch einen großen Ansturm vollständig zum Kollaps bringen. Zudem sollte die „Unruhe" in beide Institutionen getragen werden. Tatsächlich geriet auf diese Weise auch der Zivildienst zum Schauplatz der „68er"-Revolte. Wie an den Universitäten kam es auch in westdeutschen Krankenhäusern und Altenheimen zu Sit-ins, Hausbesetzungen und Demonstrationen. In zahlreichen Aktionen prangerten Zivildienstleistende, die „Revolutionsräte" gegründet hatten, die vermeintlich inhumane Behandlung von Heimbewohnern und -bewohnerinnen und deren totale Abhängigkeit vom Pflegepersonal an, gingen gegen angeblich ausbeuterische und obrigkeitsstaatliche Verhältnisse in den Sozialbetrieben vor, attackierten „autoritäre" Stationsschwestern und „Verwaltungsbonzen" und übten sich in Grundsatzkritik am „Klassencharakter" des westdeutschen Gesundheitssystems. Der Zivildienst, so die Kritik, werde dazu missbraucht, um den bestehenden „Pflegenotstand" zu kaschieren. „Wir werden von den Herrschenden dazu benutzt, ihre miserable Personalpolitik in den Krankenhäusern zu verschleiern!!!", hieß es hierzu[11]. Die Agitationen an der „Sozialfront" entluden sich in zahlreichen Protesten und Streiks[12].

---

[10] Vgl. Günter Wallraff, Deutschland, deine Bundeswehr. Teil 1, in: konkret vom 27.11.1969, S. 28–33.

[11] Patrick Bernhard, „Zivis" in der Pflege. Zur Geschichte einer besonderen Mitarbeitergruppe im bundesdeutschen Sozialsystem, 1961–1990, in: Sabine Braunschweig

Zwar schaffte es die APO tatsächlich, Wohlfahrtsverbände und Politik herauszufordern und zu vollkommen überzogenen Reaktionen zu verleiten. Neben zahlreichen Strafen gab es etwa Überlegungen auf Seiten der Politik, die „Rädelsführer" in regelrechten Strafkompanien zusammenzufassen und sie zur Entsteinung der Rhön einzusetzen. Die erhoffte Bewusstseinsradikalisierung der Jugend trat durch diese staatlichen Disziplinierungsversuche jedoch letztlich nicht ein. Das zeigt ein Blick auf die Motive der Verweigerer sowie das politische und sozialkulturelle Umfeld, in dem junge Männer seit den späten 1960er Jahren ihre „Entscheidung mit achtzehn" trafen. So belegen soziologische Untersuchungen ab Mitte der 1970er Jahre, dass selbst auf dem Höhepunkt der Studentenbewegung keineswegs politische Motive vorherrschten. Unter allen Beweggründen nahmen sie lediglich eine mittlere Position ein.

Zudem wurde deutlich, dass die Argumente der Protestbewegung nur bei einem geringen Teil der Jugendlichen verfingen[13]. Dass beispielsweise die Bundeswehr zum Untertanen erziehe und die Streitkräfte insgesamt eine autoritäre und undemokratische Struktur aufwiesen, nannte selbst um 1968 nur eine Minderheit von Zivildienstleistenden als ihr Motiv, wie wir aus einer schriftlichen Befragung von 1974 wissen. Das ist umso bemerkenswerter, als die Befragten keine negativen Konsequenzen zu befürchten hatten, wenn sie ihre eigentlichen Beweggründe darlegten. Die Erhebung erfolgte nämlich anonymisiert und nach Ableistung des Zivildienstes. Das nach 1968 am häufigsten genannte politische Motiv war vielmehr das atomare Wettrüsten im Zeichen des Kalten Kriegs: Die gegenseitige Androhung der nuklearen Vernichtung berge unkalkulierbare Risiken für den Weltfrieden. Mit den sozialliberalen Entspannungsbemühungen gewann dieses Motiv gegenüber den Argumenten der Studentenbewegung sogar noch einmal deutlich an Gewicht. Das „politische Tauwetter", das die Welt nach Jahren der Konfrontation durch die von den Supermächten eingeleitete Entspannungspolitik erlebe, „kühlt den Wehrwillen", so ein aufmerksamer Zeitungskommentator. Nur zu verständlich sei deshalb das Anwachsen der Verweige-

---

(Hrsg.), Pflege – Räume, Macht und Alltag. Kongressband des 7. Internationalen Kongresses zur Geschichte der Pflege, Basel 2006, S. 141–156, hier S. 144.
[12] Patrick Bernhard, APO an der „Sozialfront". Die Protestbewegung und der Zivildienst für Kriegsdienstverweigerer, in: Revue d'Allemagne 35 (2003), S. 199–215.
[13] Nachfolgendes nach Patrick Bernhard, Von Jesus Christus zu Karl Marx? Die 60er Jahre, die Kriegsdienstverweigerer und der Wandel ihrer Motive. Ein Beitrag zur Wertwandelsforschung, in: Jörg Calließ (Hrsg.), Die Reformzeit des Erfolgsmodells BRD, Rehburg-Loccum 2004, S. 279–316.

rerzahlen: „Wenn der Ostblock, der bisher als bedrohlicher, potentieller Gegner galt, nun als gesprächsbereiter Verhandlungspartner in Erscheinung tritt, wird es vor allem für junge Menschen schwer verständlich, dass eine solche Entspannungspolitik nach wie vor ein ausgewogenes und effektives Verteidigungspotential voraussetzt."[14] Selbst der Vietnamkrieg spielte laut diesen Untersuchungen lediglich eine untergeordnete Rolle. Der militärische Konflikt im fernen Südostasien war für die meisten westdeutschen Jugendlichen offenbar auch im übertragenen Sinne zu weit weg, als dass er Einfluss auf ihre eigene Lebensentscheidung genommen hätte.

Statt politischer dominierten ab 1968 unter Verweigerern vor allem soziale und private Beweggründe. Verweigerer aus sozialen Gründen entschieden sich nicht mehr allein aus Gewissensgründen gegen den Dienst an der Waffe, sondern auch aus gesellschaftlicher Verantwortung für den Zivildienst. Er habe den Kriegsdienst verweigert, gab ein dazu befragter Jugendlicher an, „weil ich damit Menschen helfen kann, die meine Hilfe benötigen"[15]. Dieses verstärkte soziale Engagement hing ohne Zweifel mit dem beispiellosen Prosperitätszuwachs nach 1945 und der dadurch möglich gewordenen Expansion des bundesdeutschen Sozialstaats ab den späten 1960er Jahren zusammen. Gestiegener Wohlstand im Zeichen des „Wirtschaftswunders" und die staatlichen Bemühungen um die kollektive Daseinsfürsorge förderten nämlich nicht nur eine Anspruchshaltung des Einzelnen gegenüber dem Staat, sondern ließen offenbar auch ein neues Bewusstsein für die eigene soziale Verantwortung in der Gesellschaft entstehen. „In der Gewissensentscheidung ging es nicht nur um eine Entscheidung gegen den Wehrdienst mit der Waffe, sondern zugleich auch um die aktive Mitwirkung für eine innere, soziale Ausgestaltung und Verbesserung des Gemeinwesens", wie Walter Hennig, Leiter des Referats Soziale Dienste der Jugend im Diakonischen Werk Württemberg, rückblickend aus eigener Erfahrung im Umgang mit Zivildienstleistenden zu berichten wusste[16]. Zeitgenössische Repräsentativumfragen bestätigen solche subjektiven Eindrücke: Ab Ende der 1960er

---

[14] Eberhard Stammler, Gefährden uns die Verweigerer?, in: Deutsches Allgemeines Sonntagsblatt vom 16.1.1972.
[15] Hierzu auch Patrick Bernhard, Lieber „Zivi" als zum „Bund". Zum Wertewandel unter jungen Wehrpflichtigen seit den 1960er Jahren, in: Ulrich vom Hagen/Björn Kilian (Hrsg.), Perspektiven der Inneren Führung. Zur gesellschaftlichen Integration der Bundeswehr, Berlin 2005, S. 12–26.
[16] Walter Hennig, Zivildienst als staatlicher Pflichtdienst zwischen Ersatzdienst und sozialem Friedensdienst. Erfahrungen aus 15 Jahren Mitarbeit, in: 25 Jahre Zivildienst in der Diakonie, hrsg. von Referat Zivildienst im Diakonischen Werk der evangelischen Kirche in Württemberg, Stuttgart 1986, S. 30–34.

Jahre erfuhren in weiten Teilen der bundesdeutschen Gesellschaft Werte der Prosozialität wie Hilfsbereitschaft und das sich Sorgen um andere, eine gemeinhin Frauen zugesprochene Eigenschaft, einen ganz erheblichen Aufschwung.

Verweigerer aus primär privaten Gründen schließlich hatten überhaupt keine Gewissensbedenken mehr gegen den Dienst an der Waffe. Sie entschieden sich vielmehr gegen die Bundeswehr und für deren zivile Alternative nach einer gründlichen Abwägung des Für und Wider, das die beiden Dienste für ihr privates Leben mit sich brachten. Gegen die Bundeswehr sprachen etwa das Kasernenleben, der tägliche Drill und die ausgeprägten hierarchischen Strukturen mit Befehl und Gehorsam. Das alles schränkte nach dem Empfinden dieser Verweigerergruppe die eigene Individualität und die Entfaltung der Persönlichkeit ein. In den Kasernen werde man in seiner „persönlichen Freiheit" behindert, urteilte ein Schüler beispielhaft für viele seiner Altersgenossen Anfang der 1970er Jahre. Der Zivildienst dagegen lasse einem zumindest mehr Freiheiten, dort gebe es vor allem weniger Hierarchien.

Dass immer mehr Jugendliche nicht mehr in die „Schule der Männlichkeit" gehen wollten, sondern im Zivildienst lieber klassische Frauentätigkeiten übernahmen, verweist schließlich auf das sich verändernde Geschlechterverständnis seit Ende der 1960er Jahre[17]. Zumindest sahen sie durch Arbeiten wie den Pflegedienst nicht mehr das eigene Rollenbild in Frage gestellt, wie Interviews mit Zivildienstleistenden in den frühen 1980er Jahren ergaben.

Obwohl die Agitationen der APO damit als Ursache für die vielfältigen Wandlungsphänomene im Zivildienst ausscheiden, lassen sich die Veränderungen dennoch auf einen gemeinsamen Nenner bringen. Verantwortlich für die geschilderten Phänomene war der von dem Soziologen Helmut Klages diagnostizierte Wertewandel, der als Ausfluss vielfältiger Modernisierungsprozesse die gesamte westdeutsche Nachkriegsgesellschaft seit Mitte der 1960er Jahre erfasste. Normen wie Gehorsam, Disziplin oder Ordnung, für die das Militär bis dato stand, erlitten einen starken Bedeutungsverlust, während Werte wie Selbstverwirklichung, Partizipation und Freiheit, die immer mehr junge Wehrpflichtige mit dem Zivildienst verbanden, zunehmend höher im Kurs standen. Gemeint sind damit nicht nur hedonistische Normen wie beispielsweise die *eigene* Selbstverwirklichung. Selbstentfaltungswerte besitzen nach Klages vielmehr auch eine idealistisch-altruistische Dimension. So wurden seit Mitte der 1960er Jahre Emanzipation, Gleichbehandlung oder Partizipation auch und gerade *für andere* viel stärker ein-

---

[17] Vgl. dazu den Beitrag von Elisabeth Zellmer in diesem Band.

gefordert, besonders prononciert von der Protestbewegung selbst. Anders gewendet bedeutet das jedoch: Die radikalen Studenten waren nur der besonders lautstarke Teil einer ansonsten „stillen Revolution"[18] langfristiger kollektiver Einstellungen und Deutungsmuster, die sich schließlich höchst eindrucksvoll in der seit 1968 rasant steigenden Zahl von Verweigerern niederschlug.

4. Den Wandel beschleunigen, den Wandel verhindern: Krisendiskurse und Reformen nach 1968

Die vielfältigen Veränderungsprozesse übten erheblichen Druck auf das System Zivildienst aus. Letztlich zeigten sich die bisherigen Strukturen dem Ansturm von Kriegsdienstverweigerern nicht gewachsen. Das galt für die Prüfungsausschüsse der Bundeswehr ebenso wie für die ohnehin viel zu kleine Zivildienstverwaltung, die zudem noch in nicht unerheblichem Maß mit rebellierenden Zivildienstleistenden zu kämpfen hatte. Der Zivildienst, darin war man sich deshalb nach 1968 in Politik und Gesellschaft rasch einig, stecke in einer tiefen Krise. Über ihre möglichen Ursachen und deren Beseitigung gingen die Meinungen jedoch völlig auseinander. Die Reformierung des Zivildiensts sorgte für ausgesprochen hitzige Konfrontationen in der Öffentlichkeit wie im Parlament, die Einrichtung geriet schließlich zu einem der strittigsten politischen Themen der an Konflikten nicht gerade armen 1970er Jahre.

Für die Interessenvertreter der Kriegsdienstverweigerer stand aufgrund dieser aktuellen Problemlagen schnell fest, dass der Zivildienst von Anbeginn an gravierende Konstruktionsfehler aufgewiesen habe. Sie hielten die Krise aber für heilsam, denn sie schien die Zeitgenossen zu einem generellen Umdenken in der bisherigen Zivildienstpolitik regelrecht zu zwingen. Letztlich wurde der gesellschaftliche Wandel deswegen sogar freudig begrüßt. Endlich zögen sich viele Kriegsdienstverweigerer nicht mehr nur auf ihr individuelles Gewissen zurück, „das vor Gott vor der Frage steht: Darf ich mich zum Töten ausbilden lassen?", wie Oberkirchenrat Heinz Kloppenburg von der Zentralstelle, dem Dachverband der Interessenverbände für Kriegsdienstverweigerer, im Jahr 1969 bemerkte[19]. Vielmehr entschieden

---

[18] So der Titel des durchaus umstrittenen Buches von Ronald Inglehart, The silent revolution. Changing values and political styles among western publics, Princeton 1977.
[19] Heinz Kloppenburg, Neugestaltung des Zivilen Ersatzdienstes?, in: frieden + gerechtigkeit Nr. 1–2 vom Dezember 1969.

sich junge Menschen ganz bewusst und aus politischer Verantwortung für den Frieden und die Gesellschaft.

Auch die Wohlfahrtsverbände begriffen den Zivildienst als enorme Chance: Er stelle ein wichtiges „Lernfeld für soziales Verhalten" dar. Durch den Einsatz von jungen Menschen in Altenheimen und Krankenhäusern werde das Bewusstsein für gesellschaftliche Ungleichheit langfristig wachsen[20]. Von einem „Durchlauferhitzer" war gar die Rede, der die Bundesrepublik langfristig in einen radikalpazifistischen Staat transformieren sollte[21]. Die „Krise" des Zivildiensts nahmen die Interessenverbände der Kriegsdienstverweigerer schließlich als Gelegenheit wahr, die eigenen Vorstellungen, mit denen sie bislang in Bonn kein Gehör gefunden hatten, nun endlich zu verwirklichen. Die „Verlegenheit", in der sich der Staat momentan befinde, müsse genutzt werden, das eigene Friedensdienstkonzept durchzusetzen, erklärten Vertreter der Evangelischen Arbeitsgemeinschaft für Kriegsdienstverweigerer. Es sei „höchste Zeit", dass Parlament und Regierung endlich ein neues Sozialdienstgesetz verabschiedeten, das aus dem Zivildienst eine echte Alternative zum Militärdienst mache[22]. Die von „68" ausgehende Unruhe wurde somit instrumentalisiert, um den gesellschaftlichen Wandel zu beschleunigen.

Von dieser öffentlichen Debatte griff die seit Herbst 1969 amtierende sozialliberale Regierung allerdings kaum etwas auf. Sie hatte eine ganz andere Problemwahrnehmung als etwa die evangelischen Pfarrer der Zentralstelle. Für sie handelte es sich um einen unerwünschten, ja höchst gefährlichen gesellschaftlichen Wandel, den es rigoros zu bekämpfen galt. In den Augen der Führungsspitzen von SPD und FDP war wegen der steigenden Verweigererzahlen nicht nur das Verteidigungspotenzial der westdeutschen Streitkräfte massiv bedroht. Die sozialliberale Regierung sah darin gar das Zeichen einer viel umfassenderen „Systemkrise"[23]. Brandt verstand darunter die „innere Abwendung" eines größeren Teils der Jugend von den „Pflichten,

---

[20] Zivildienst – ein Lernfeld für soziales Verhalten, in: Das Diakonische Werk 25 (1973) Nr. 4, S. 2.
[21] Uli Hege, Wärmetrommel – oder warum der Zivildienst einem Durchlauferhitzer gleicht, in: 25 Jahre Zivildienst in der Diakonie, S. 69–71.
[22] BAK, B 106/55131-1, Stellungnahme des Vorstands der Evangelischen Arbeitsgemeinschaft für Kriegsdienstverweigerer, Hermann Schäufele, zum Streik der Ersatzdienstleistenden vom 9. 1. 1970.
[23] Weißbuch 1973/1974. Zur Sicherheit der Bundesrepublik Deutschland und zur Entwicklung der Bundeswehr. Im Auftrage der Bundesregierung hrsg. vom Bundesminister der Verteidigung, Bonn 1974, S. 57.

die ihnen von Staat und Gesellschaft abverlangt werden"[24]. Für den Bundeskanzler war damit der Wehrdienst nach wie vor die Norm und seine Verweigerung ein Ausdruck mangelnder staatsbürgerlicher Loyalität. Damit unterschied sich Brandts Rhetorik kaum von Äußerungen führender Vertreter der Christdemokraten in den 1950er Jahren.

Noch deutlicher wurde Willy Brandts neuer Verteidigungsminister Helmut Schmidt: Etliche verweigerten den Wehrdienst doch nur, weil sie aufgrund der massiven organisatorischen Schwierigkeiten, in denen der Zivildienst stecke, damit rechnen könnten, überhaupt nicht einberufen zu werden. Zahlreiche Verweigerer wollten sich doch lediglich vor beiden Diensten „davonschlängeln" und trieben auf diese Weise mit einem Grundrecht Schindluder, ätzte Schmidt gegen die vermeintliche Drückebergerei. Damit unterstellte er letztlich, dass die meisten Jugendlichen keine lauteren Verweigerungsmotive besaßen, was eine stigmatisierende Missbrauchsdiskussion zur Folge hatte[25].

Entsprechend restriktiv war das Reformkonzept, das die neue Bundesregierung 1970 für den Zivildienst vorlegte. Ziel war schlicht, die Zahl der Verweigerer wieder nach unten zu drücken. Dazu sollte der Dienst nicht nur zeitlich verlängert werden. Zudem plante man, Zivildienstleistende mit körperlich möglichst anstrengenden und damit abschreckenden Tätigkeiten zu beschäftigen. Wie bereits unter Adenauer dachte man auch jetzt wieder an Deichbauarbeiten. Allerdings war die sozialliberale Regierung klüger und fasste diese klassische Arbeitsdienstaufgabe unter einen Begriff, der damals wie kaum ein anderer für Modernität stand: Umweltschutz. Letztlich füllte sie damit aber nur ganz alten Wein in neueste Schläuche. Hier zeigt sich eine ganz erstaunliche Kontinuität in der bundesdeutschen Zivildienstpolitik.

Zwar stießen Brandt und Schmidt mit ihren Reformplänen auf massiven Widerspruch von SPD und FDP. An der Parteibasis rumorte es in dieser Frage schon seit längerem: Vor allem über ihre Jugendverbände war nämlich inzwischen Gedankengut der Protestbewegung in die beiden Parteien eingeflossen. Anklang fand vor allem die Idee erweiterter Mitbestimmung.

---

[24] Rede Willy Brandts in der Aussprache über die Erklärung der Bundesregierung am 26.3.1971, in: Stenographische Berichte über die Verhandlungen des deutschen Bundestages, 6. WP, Bd. 75, S. 6551.
[25] Ansprache von Bundesverteidigungsminister Helmut Schmidt anlässlich der konstituierenden Sitzung der Wehrstrukturkommission am 3.9.1970, in: Wehrgerechtigkeit in der Bundesrepublik. Bericht der Wehrstrukturkommission an die Bundesregierung, Bonn 1971, S. 196.

Schließlich gelang es, die eigene Regierung an zwei entscheidenden Punkten zum Einlenken zu zwingen: Erstens wurde die Einrichtung von „ziviler Ersatzdienst" in „Zivildienst" umbenannt und damit auf der symbolischen Ebene aufgewertet. Zweitens – und das war viel wichtiger – vermochten die beiden Parteien in einem ausgesprochen konfliktreichen Aushandlungsprozess die künftigen Aufgabenbereiche des Zivildiensts in ihrem Sinne neu zu definieren. So wurden Tätigkeiten wie Deichbau ganz aus dem Aufgabenkatalog gestrichen und stattdessen die absolute Priorität des Sozialbereichs festgeschrieben.

Insgesamt betrachtet atmete jedoch selbst die modifizierte Reform noch immer den Geist der Restriktion; nichts war hier zu spüren vom bis heute gerne bemühten sozialliberalen Aufbruch. Das gilt selbst für Maßnahmen aus dem Reformpaket, die auf den ersten Blick wie Liberalisierungen wirkten, so etwa die Einführung eines Beirats und die Aussetzung des Prüfungsverfahrens. Der sozialliberalen Koalition ging es nämlich mit diesen Neuerungen gar nicht darum, die Rechte der einzelnen Staatsbürger gegenüber dem Staat zu stärken. Sie sah etwa in dem 1973 ins Leben gerufenen Beirat eine reine Clearingstelle, um die vielen administrativen Probleme, die sich durch den massiven Ausbau des Zivildiensts ergeben hatten, in den Griff zu bekommen. Hier stand die Effizienzsteigerung der Verwaltung und nicht die Demokratisierung des Dienstes im Vordergrund. Echte Mitspracherechte bei der künftigen Zivildienstpolitik waren ausdrücklich nicht vorgesehen. Notfalls müsse sogar gegen den Beirat „regiert" werden, so die Bundesregierung in einer Diktion, die letztlich auf ein eher traditionelles Verständnis von Politik verwies und die Grenzen sozialliberaler Reformbereitschaft sehr deutlich machte. Von einem „government by discussion", wie der Regierungsstil Brandts in neueren Forschungsarbeiten umschrieben wird[26], kann hier jedenfalls kaum gesprochen werden. Entsprechend scharfe Auseinandersetzungen entspannen sich in den ersten Sitzungen des Beirats zwischen der Ministerialbürokratie und den Interessenvertretern der Verweigerer, die den Bundeskanzler beim Wort nahmen und deutlich mehr Mitbestimmung einforderten[27].

---

[26] So etwa Gabriele Metzler, Konzeptionen politischen Handelns von Adenauer bis Brandt. Politische Planung in der pluralistischen Gesellschaft, Paderborn 2005, insbesondere S. 13 und S. 419.
[27] Vgl. hierzu ausführlicher Patrick Bernhard, Kriegsdienstverweigerung per Postkarte. Ein gescheitertes Reformprojekt der sozialliberalen Koalition 1969–1978, in: VfZ 53 (2005), S. 109–139.

Liberalisierung war auch nicht der Grundgedanke, der für das Kabinett Brandt hinter der Aussetzung des Prüfungsverfahrens, die erst 1976 nach langen Diskussionen Wirklichkeit wurde. Diese Maßnahme war vielmehr diktiert von den enormen Problemen, die sich infolge der stark steigenden Verweigererzahlen bei der Durchführung der Verfahren ergeben hatten. In ausgesprochen etatistischer Sicht ging es vor allem darum, die Mängel zu beheben, „die die Handhabung durch die Organe des Staates betreffen", wie Schmidts Nachfolger als Verteidigungsminister, Georg Leber, einmal während einer Pressekonferenz in schlimmstem Bürokratendeutsch formulierte[28].

Nach außen wurde die Zivildienstreform allerdings aus Imagegründen als Liberalisierung verkauft. Das neue Gesetz sei ein „beachtenswertes Teilstück der Inneren Reformen der Bundesregierung", da sie der Diskriminierung einer Minderheit ein Ende setze. Das erklärte der erste Bundesbeauftragte für den Zivildienst Hans Iven 1974 gegenüber der Öffentlichkeit[29], obwohl der politische Vertraute Helmut Schmidts intern einem unnachgiebigen Kurs gegenüber Verweigerern das Wort redete und die Bundesregierung ja gerade mit dem diskriminierenden Leitbild des „Drückebergers" operierte.

Dem politischen Gegner fiel es deshalb sehr leicht, die vermeintliche Liberalität der Regierung in scharfen Tönen zu brandmarken. Im Bundestag wurden die Neuerungen als höchst gefährliches Nachgeben gegenüber den Forderungen der „68er"-Protestbewegung bezeichnet. Da die sozialliberale Koalition die Entscheidung zwischen Wehr- und Zivildienst faktisch jedem Einzelnen freigestellt habe, stünden der Bundeswehr bald nicht mehr genug Soldaten zur Verfügung – und das werde den Ostblock geradezu zu einem Angriff provozieren, prophezeite etwa Verteidigungsexperte Manfred Wörner von der CDU. Aber mehr noch: Nach dem Dafürhalten der Christdemokraten rüttelte die Zivildienstreform an den Grundsätzen ihres „Staats-, Gesellschafts- und Menschenverständnisses". Der Leitgedanke der Reformen sei nämlich der „totale Individualismus". Die Rechte und Freiheiten des Einzelnen würden ganz groß, seine Pflichten hingegen ganz klein geschrieben[30]. Das dahinter stehende gesellschaftliche „Wunschbild" der sozialliberalen Koalition, das zeige auch die Fristenlösung bei der Neuregelung

---

[28] ACDP, VIII-006-049/1, Auszüge aus der Pressekonferenz von Bundesverteidigungsminister Georg Leber am 30.9.1974.
[29] Erste Sitzung des Beirats für den Zivildienst, in: der zivildienst 5 (1974) Nr. 3, S. 4.
[30] 182. Sitzung des Bundestages am 20.6.1975, in: Stenographische Berichte über die Verhandlungen des deutschen Bundestages, 7. WP, Bd. 94, S. 12761.

des „Abtreibungsparagraphen" 218, sei das der „permissive society", in der „alles oder doch fast alles erlaubt" sei[31].

Dass es hier weniger um echte Befürchtungen, sondern primär um die Schärfung des eigenen konservativen gesellschaftspolitischen Profils mit Blick auf die 1976 anstehenden Bundestagswahlen ging, zeigt die Diskussion innerhalb von CDU und CSU sehr deutlich. Dort gab es nämlich nicht wenige, die die sozialliberale Zivildienstpolitik im Grunde befürworteten und die intransigente Haltung der Falken in ihren eigenen Reihen scharf kritisierten. Die Aussetzung des Prüfungsverfahrens bezeichneten einige gar als einzig gangbaren Weg. Nachdem die Opposition jedoch nicht den Anschein erwecken wollte, nun ihrerseits „umzufallen", blieb sie bei ihrer grundsätzlichen Ablehnung. Im Herbst 1977 rief Helmut Kohl im Namen von CDU und CSU schließlich sogar das Bundesverfassungsgericht an.

In einem ihrer umstrittensten Urteile gaben die Karlsruher Richter der Opposition Recht und erklärten die geplante Aussetzung des Prüfungsverfahrens für verfassungswidrig. Hinter der Entscheidung standen jedoch nicht nur juristische Bedenken, sondern auch wehrpolitische Motive. Das ergibt sich mit aller Deutlichkeit aus den staatlichen Akten. Wie der FDP-nahe Bundesverfassungsrichter Joachim Rottmann kurz vor Urteilsverkündung den Rechtsanwälten der Bundesregierung vertraulich am Telefon erklärte, müsse die Funktionsfähigkeit der Bundeswehr „Ausgangspunkt aller Überlegungen" sein und die sei durch den Anstieg der Verweigererzahlen in Gefahr geraten[32]. Karlsruhe hatte also im Interesse der Streitkräfte die juristische Notbremse gezogen, obwohl die Wehrpflicht selbst bis heute keinen Verfassungsrang besitzt.

5. Das sozialpolitische Arrangement und seine unerwarteten Nebenwirkungen – ein Ausblick

Aufhalten ließ sich der gesellschaftliche Wandel dennoch nicht. Ganz im Gegenteil: Die Zahl der Kriegsdienstverweigerer stieg in den darauf folgenden Jahren weiter kontinuierlich an und lag schließlich 2001 bei nicht

---

[31] ACDP, VIII-006-049/1, Manfred Wörner: Redemanuskript „Verteidigung der Freiheit – Pflicht für alle!" für die wehrpolitische Landestagung der nordrhein-westfälischen CDU in Hamm am 15. 3. 1975, S. 18f.
[32] Registratur des Bundesministeriums für Familie, Senioren, Frauen und Jugend, Bestand Postkartennovelle, 8. WP, 2. Verfahren, Bd. 1, Vermerk der Rechtsanwälte Neumann & Leuer über die telefonische Unterredung mit Bundesverfassungsrichter Rottmann am 28. 3. 1978.

weniger als 180 000. Parallel hierzu wuchs auch das Ansehen der Verweigerer in der bundesdeutschen Gesellschaft. Wie Umfragen zeigen, verflüchtigte sich das Drückebergerklischee binnen kurzem und machte mehrheitlich sogar einer sehr positiven Beurteilung der Kriegsdienstverweigerer Platz. Hatten 1971 immerhin noch 42 Prozent aller von Allensbach interviewten Deutschen wenig und nur 39 Prozent viel Achtung vor Kriegsdienstverweigerern bekundet, so drehte sich dieses Zahlenverhältnis bereits 1976 um. Nur noch 36 Prozent zollten den Verweigerern wenig Respekt; dem standen 45 Prozent gegenüber, die den Zivildienstleistenden große Achtung entgegenbrachten. Diese Entwicklung setzte sich in den kommenden Jahren fort. Bis zum Jahr 1990 erhöhte sich der Anteil derer, die Zivildienstleistende schätzten, auf sage und schreibe 70 Prozent. Es kam in dieser Hinsicht sogar zu einer Übernormalisierung: „Zivis", wie die jungen Männer ohne Waffen ab den 1980er Jahren liebevoll genannt wurden, gerieten zu den eigentlichen „Helden des Alltags", galten sie doch als inzwischen unverzichtbare Hilfe im Kampf gegen den in der Bundesrepublik herrschenden „Pflegenotstand".

Es dauerte ziemlich lange, bis sich die Politik mit dieser Entwicklung arrangierte. Erst Ende der 1970er Jahre setzte ein Umdenken ein, hinter dem allerdings reine Nützlichkeitserwägungen standen: Weil die sozialliberale Koalition erkannt hatte, dass sie die Verweigererzahlen nicht nach unten drücken konnte, nutzte sie die zivile Alternative zum Wehrdienst wenigstens als Steuerungsinstrument im Sozialbereich. Soziale Problemlagen sollten mit Hilfe von Kriegsdienstverweigerern zumindest abgemildert werden. Am Ende des Jahrzehnts kam es auf diese Weise zu einer Art „sozialpolitischen Wende" in der Geschichte des Zivildiensts. Über diese Institution versuchte der Staat einen grundlegenden Umbau des Sozialsystems einzuleiten: Primär aus Kostengründen – Hintergrund war die 1974 einsetzende Weltwirtschaftskrise – sollte die teure stationäre durch die billigere ambulante Versorgung ersetzt werden. Der kostengünstige Einsatz von angelernten Zivildienstleistenden schien sich hierfür besonders anzubieten. Tatsächlich bauten die Wohlfahrtsverbände und kommunalen Sozialträger ab Ende der 1970er Jahre die sogenannten Mobilen Sozialen Hilfsdienste auf, die bis heute zu einem ganz überwiegenden Teil auf der Arbeit von Kriegsdienstverweigerern basieren. So gab es bald Betriebe, in denen jeder vierte Mitarbeiter Zivildienstleistender war.

Zugleich haben sich die Sozialverbände damit jedoch in eine starke Abhängigkeit begeben. Dieses Problem hat durch die für Juli 2011 angekündigte Aussetzung der Wehrpflicht eine erhebliche Virulenz erhalten, fällt durch diese Entscheidung doch auch der Zivildienst fort. Es bleibt abzuwarten, inwieweit der Freiwilligendienst, der an die Stelle des zivilen Pflichtdiensts treten soll, die entstehenden Lücken in der Sozialarbeit wird schließen können. Eines hat die historische Rückschau allemal gezeigt: Der sich am Ende der 1960er Jahre in den steigenden Verweigererzahlen so eindrucksvoll manifestierende gesellschaftliche Wandel hat langfristig erhebliche Rückwirkungen auf das Sozialsystem und damit auf einen Kernbereich des bundesdeutschen Staates.

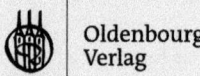 Ein Wissenschaftsverlag der Oldenbourg Gruppe

Die bleiernen Jahre
Staat und Terrorismus in der Bundesrepublik Deutschland und Italien 1969–1982

Herausgegeben von Johannes Hürter und Gian Enrico Rusconi

2010 | 128 S. | Br. | € 16,80
ISBN 978-3-486-59643-4

Zeitgeschichte im Gespräch, Band 9
Eine Publikation des Instituts für Zeitgeschichte

Nirgendwo in Europa verübten linksextreme Terroristen während der 1970er Jahre so viele blutige Attentate wie in Italien und in der Bundesrepublik. Südlich der Alpen verschärften neofaschistische Anschläge die Lage noch. Die beiden jungen Demokratien sahen sich gezwungen, auf diese militante Herausforderung zu reagieren. Die Interaktion von Terrorismus, Staat und Gesellschaft prägte ein Jahrzehnt, das in doppelter Hinsicht als »bleiern« empfunden wurde: wegen der drückenden Atmosphäre unter dem Primat der Inneren Sicherheit und wegen der Wiederkehr bewaffneter Gewalt in der politischen Auseinandersetzung. Wie wurde diese Krise bewältigt? Nahmen dabei der demokratische Staat und die liberale Gesellschaft Schaden? Ein vergleichender Blick auf beide Länder verspricht neue Antworten.

Beiträge von: H. Balz, M. Dahlke, G. Diewald-Kerkmann, T. Hof, J. Hürter, V. Satta, S. Scheiper, E. Taviani, A. Ventrone, K. Weinhauer

Bestellen Sie in Ihrer Fachbuchhandlung
oder direkt bei uns: Tel: 089/45051-248
Fax: 089/45051-333 | verkauf@oldenbourg.de   **www.oldenbourg-verlag.de**

Bastian Hein
Entwicklungshilfe, internationale Solidarität oder Weltinnenpolitik?

Der Umgang mit der „Dritten Welt" als Gradmesser des Reformklimas

1. Ein Aufbruch?

Mit seiner Regierungserklärung am 28. Oktober 1969 sorgte Willy Brandt für Furore[1]. Formulierungen wie „wir stehen nicht am Ende unserer Demokratie, wir fangen erst richtig an", erregten heftigen Unmut in der Unionsfraktion, die solche Äußerungen als herbe Kritik an der zwanzigjährigen demokratischen Praxis unter der Führung ihrer Kanzler Adenauer, Erhard und Kiesinger wertete. Umso begeisterter reagierte das neu formierte sozialliberale Lager, dessen beinahe euphorische Aufbruchsstimmung sich bis heute in historischen Wertungen widerspiegelt, die im damaligen Machtwechsel eine „Umgründung der Republik" zu erkennen meinen[2]. Begeisterung weckte Brandts Rede aber auch unter Praktikern der Entwicklungshilfe, denn nie zuvor hatte sich ein so hochrangiger deutscher Politiker an einer so exponierten Stelle so ausführlich mit diesem vermeintlich nachrangigen Politikfeld befasst. Der neue Kanzler versprach eine deutliche Mittelerhöhung, die Verdoppelung der Zahl der Entwicklungshelfer und sogar erhebliche handelspolitische Konzessionen an die „Dritte Welt". Im Folgenden soll der Frage nachgegangen werden, wie es zu dieser Aufwertung kam, die aus der Entwicklungspolitik einen wichtigen Teil des sozialliberalen Reformprojekts machte. Welche Rolle spielten dabei etablierte reformerische Kräfte, welche die Jugendrevolte von „68", zu deren konstitutiven Elementen die Beschäftigung mit Vorgängen in der „Dritten Welt" gehörte[3]? Und wie ging es weiter mit diesem ehrgeizigen Vorhaben, das als „kopernika-

---
[1] Klaus Stüwe (Hrsg.), Die großen Regierungserklärungen der deutschen Bundeskanzler von Adenauer bis Schröder, Opladen 2002, S. 163–180.

[2] So der Titel des Kapitels zur sozialliberalen Ära bei Manfred Görtemaker, Geschichte der Bundesrepublik Deutschland. Von der Gründung bis zur Gegenwart, München 1999, S. 475–596.

[3] Vgl. Ingo Juchler, Die Studentenbewegungen in den Vereinigten Staaten und der Bundesrepublik Deutschland der 1960er Jahre. Eine Untersuchung hinsichtlich ihrer Beeinflussung durch Befreiungsbewegungen und -theorien aus der Dritten Welt, Berlin 1996.

nische Wende" der westdeutschen Entwicklungspolitik bewertet worden ist? Was ließ sich durchsetzen, was wurde verhindert oder gar revidiert, als sich 1973/74 das Reformklima vor allem infolge der Ölkrise zu wandeln begann?

2. Die Vorgeschichte des Reformprojekts

Die Bundesrepublik leistete erst seit Ende der 1950er Jahre Entwicklungshilfe in nennenswertem Umfang. Dass sie das tat, hatte mehrere Gründe. Neben uneigennützige Hilfsbereitschaft traten dabei außen-, deutschland- und wirtschaftspolitische Eigeninteressen. Außenpolitisch wollte man die Beziehung zu den jungen, postkolonialen Staaten Afrikas, Asiens und Lateinamerikas pflegen und diese vor dem Abgleiten in den Kommunismus bewahren. Deutschlandpolitisch diente die Hilfe der Durchsetzung des westdeutschen Alleinvertretungsanspruchs, da man sie Entwicklungsländern, die die DDR nicht anerkannten, großzügig gewähren, solchen, die Kontakte zu „Pankow" aufnahmen, wieder entziehen konnte. Wirtschaftspolitisch stellte sie schließlich ein Mittel zur Förderung des Außenhandels der ebenso rohstoffabhängigen wie exportorientierten Bundesrepublik dar. Die Tatsache, dass sich die Entwicklungshilfe somit zu einem keineswegs uneigennützigen multifunktionalen Politikinstrument entwickelte, war zwischen den Parteien des Bundestags unumstritten. Sie alle trugen diese Entwicklung mit und rechtfertigten die damit verbundenen, rasch wachsenden finanziellen Belastungen – allein zwischen 1961 und 1963 verpflichtete sich die Bundesregierung, rund 7,6 Milliarden DM Kapitalhilfe zu leisten – gemeinsam gegenüber den Wählern und Steuerzahlern.

Das lag nicht zuletzt daran, dass Regierung und Opposition zu Anfang der 1960er Jahre recht einheitlich von der Entwicklungstheorie des Amerikaners Walt Whitman Rostow ausgingen, derzufolge durch die ausreichende Zufuhr von Knowhow und Kapital eine „nachholende" Entwicklung in der „Dritten Welt" eingeleitet werden könnte und diese sich sukzessive wirtschaftlich und gesellschaftlich dem „Westen" annähern würde. Dieser Theoriebezug schlug sich aber nicht in einer verbindlichen entwicklungspolitischen Konzeption nieder, die Regierung und Parlament vermieden, um flexibel über die Entwicklungshilfe verfügen zu können.

Die praktische Umsetzung der staatlichen Entwicklungshilfe entsprach ihrem multifunktionalen Charakter. Neben älteren Institutionen, die sich der neuen Aufgabe annahmen, wie die Deutsche Wirtschaftsförderungs- und Treuhand GmbH oder die Kreditanstalt für Wiederaufbau, traten neue Einrichtungen wie die Deutsche Stiftung für Entwicklungsländer, der Deutsche Entwicklungsdienst oder das 1961 gegründete Bundesministerium für wirtschaftliche Zusammenarbeit (BMZ). Im Zentrum des äußerst komplexen Apparats stand aber nicht dieses Ministerium, sondern ein System interministerieller Ausschüsse, in denen neben dem BMZ das Auswärtige Amt sowie die Ministerien für Wirtschaft und Finanzen führende Rollen spielten. In diesen Ausschüssen wurde, passend zum überparteilichen Konsens im Bundestag, nach dem Einstimmigkeitsprinzip entschieden, was Aushandlungsprozesse zwischen den beteiligten Akteuren und den Interessen, die sie repräsentierten, nach sich zog. Die unmittelbare Aufsicht über die einzelnen Entwicklungsprojekte lag im Bereich der Kapitalhilfe, das heißt bei der Gewährung von Krediten zur Projektfinanzierung, zunächst beim Wirtschaftsministerium, im Bereich der Technischen Hilfe, also bei der Entsendung von Experten oder Entwicklungshelfern, beim Auswärtigen Amt. Das BMZ war somit anfangs ein reines Koordinierungsministerium, das lediglich „das Recht, über alle Vorgänge auf dem Gebiet der Entwicklungshilfe informiert zu sein"[4], besaß. Erst 1964 gelang es dem ersten Bundesminister für wirtschaftliche Zusammenarbeit, Walter Scheel, wenigstens die Zuständigkeit für die Projekte der Technischen Hilfe für das BMZ zu erlangen.

In der Bevölkerung gab es in den späten 1950er Jahren eine recht positive Stimmung gegenüber dem Vorhaben, den hungernden Menschen in der Welt zu helfen. Diese Atmosphäre schlug sich beispielsweise in den großen Erfolgen der kirchlichen Sammlungen „Misereor" beziehungsweise „Brot für die Welt" nieder, die 1959 initiiert wurden, schon im ersten Jahr 35 respektive 15 Millionen DM einbrachten und sich als feste kirchliche Hilfswerke etablierten. Diese Grundhaltung begann allerdings umzuschlagen, als den Westdeutschen die Dimension bewusst wurde, die die staatlichen Hilfsleistungen nicht zuletzt auf Druck der westlichen Verbündeten angenommen hatten. Zudem häuften sich Negativmeldungen aus den Entwicklungsländern, etwa über korrupte Eliten, militärische Konflikte oder nutzlose infrastrukturelle Vorzeigeprojekte. Schlagzeilen machte nun auch das rasch aus dem Boden gestampfte komplizierte System der Hilfsvergabe, das als undurchschaubarer „Kompetenzwirrwarr" kritisiert wurde. Viele Bürger begannen zu fürchten, die „Dritte Welt" beziehungsweise die Entwicklungshilfe werde sich als „Fass ohne Boden" erweisen[5].

[4] Jürgen Dennert, Entwicklungshilfe geplant oder verwaltet? Entstehung und Konzeption des Bundesministeriums für wirtschaftliche Zusammenarbeit, Bielefeld 1968, S. 55.
[5] Rheinischer Merkur vom 1.5.1964: „Kompetenzwirrwarr um Entwicklungshilfe"; Christ und Welt vom 28.3.1969: „Fass mit Boden".

Nahezu zeitgleich, das heißt ab Mitte der 1960er Jahre, mehrten sich aber auch kritische Stimmen „von links". Diese kamen zum einen aus der „Dritten Welt" selbst. Vor allem lateinamerikanische Entwicklungsökonomen wie Raúl Prebisch formulierten mit der Dependenztheorie eine Alternative zum Rostowschen Wachstumsmodell, die einen kausalen Zusammenhang zwischen der Unterentwicklung der „Dritten Welt" und dem Reichtum der „Ersten" konstatierte. Trotz des formellen Endes des Kolonialismus werde die Ausbeutung durch ein ungerechtes Welthandelssystem perpetuiert, in dem unfaire Austauschbedingungen zwischen Rohstoffen und Industrieprodukten herrschten. Diese Überzeugungen machte sich eine Gruppe aus 77 Entwicklungsländern im Rahmen der ersten Welthandelskonferenz in Genf 1964 zu eigen, die nicht nur den einseitigen Abbau von Zollschranken forderte, sondern auch ein System der automatischen und somit vom guten Willen der Geberländer unabhängigen internationalen Entwicklungsfinanzierung. Die Forderung nach mehr Gerechtigkeit zwischen den reichen und den armen Ländern griffen auch die christlichen Weltkirchen auf, die evangelische im Rahmen der Konferenzen des Ökumenischen Rats der Kirchen in Genf 1966 und Uppsala 1968, die katholische durch die päpstliche Entwicklungsenzyklika „Populorum Progressio" von 1967.

Auch für viele junge Deutsche gewann die Kritik an dem, was in der „Dritten Welt" beziehungsweise zwischen dieser und dem Westen vor sich ging, wachsende Bedeutung. Für zahlreiche der später sogenannten „68er" spielten die katastrophalen Zustände in Biafra oder Vietnam, die durch das neue Leitmedium Fernsehen eindringlich transportiert wurden, eine Schlüsselrolle in ihrer Politisierung. Die Auseinandersetzung mit der „Dritten Welt" bot für die sich formierende Studentenbewegung ein hohes Mobilisierungspotenzial. Hier konnte man das aus ihrer Sicht vom Kapitalismus hervorgerufene Elend viel deutlicher erkennen als in der „nivellierten Mittelstandsgesellschaft" der Bundesrepublik. Auch stellten die verschiedenen jungen Sozialismen von China über Kuba bis Albanien scheinbar einen „dritten Weg" dar zwischen dem marktwirtschaftlich orientierten Westen und dem stalinistisch erstarrten Ostblock. Schließlich offerierten Fidel Castro, Che Guevara und Ho Chi Minh den jungen SDS'lern, die sich einem nahezu allumfassenden Ausbeutungs- und Manipulations-System gegenüber wähnten, ermutigende Beispiele dafür, was einige Furchtlose gegen eine erdrückende Übermacht ausrichten konnten. Entwicklungshilfe lehnten die studentischen Nachwuchsrevolutionäre, die sich an der leninistischen Imperialismus- und Revolutionstheorie orientierten, grundsätzlich ab. Diese stelle bestenfalls ein Feigenblatt, schlimmstenfalls ein perfides neokolonialistisches Instrument dar. „Zerschlagt die Entwicklungshilfe", lautete daher das Motto einer SDS-Kampagne. Für sie kam nur „internationale Solidarität" in Form von Spenden für die militanten „Befreiungsbewegungen" der „Dritten Welt" in Betracht[6].

Allerdings gab es neben diesen ebenso radikalen wie lautstarken Kräften auch zahlreiche, insgesamt sogar eher mehr junge Deutsche, die sich kritisch, aber konstruktiv mit der Entwicklungspolitik auseinandersetzten: Ein Beispiel waren die Mitglieder der „Aktion Dritte Welt", die 1969 an mindestens neun Hochschulen präsent war, oder die bundesweit etablierten kirchlichen Jugendgruppen Arbeitsgemeinschaft Evangelischer Jugend in Deutschland und Bund Deutscher Katholischer Jugend. Eine wachsende Zahl von Vertretern dieses kritisch reformorientierten Flügels strömte ab der zweiten Hälfte der 1960er Jahre in die Entwicklungsdienste, die diese jungen Menschen als freiwillige Helfer in die Länder Asiens, Lateinamerikas und Afrikas entsandten. Dort wollten sie nicht mehr nur fach- und projektbezogen Technische Hilfe leisten, sondern als „Friedenspartisanen" beziehungsweise „friedliche Revolutionäre" auch weitreichende gesellschaftliche Emanzipationsprozesse anstoßen, unter Umständen auch gegen die teilweise autoritären Regime dieser Länder[7].

Die Politik reagierte schon in den Jahren der Großen Koalition auf diese kritischen Stimmen, etwa indem sie beschloss, Kapitalhilfe zu „weicheren" Konditionen zu vergeben, das heißt mit längeren Kreditlaufzeiten und niedrigeren Zinssätzen. Zudem verabschiedete der Bundestag das Entwicklungshelfergesetz, das die jungen Freiwilligen besser absicherte und ihren Dienst als gleichwertige Alternative zum Wehrdienst anerkannte, ihm also einen höheren Stellenwert zugestand als dem zivilen Ersatzdienst in der Bundesrepublik. Insgesamt überwogen in der Amtszeit des SPD-Entwicklungshilfeministers Hans-Jürgen Wischnewski jedoch Maßnahmen, die sich eher an der Kritik „von rechts" orientierten.

---

[6] Zu Konzepten und Praxis dieser Ausrichtung vgl. u. a. Werner Balsen/Karl Rössel, Hoch die internationale Solidarität. Zur Geschichte der Dritte-Welt-Bewegung in der Bundesrepublik, Köln 1986. Ein bekanntes Beispiel ist die „Sandino-Dröhnung", ein fair gehandelter Kaffee, aus dessen Erlös die nicaraguanischen Sandinisten gefördert wurden. Er war allerdings so wenig magenfreundlich, dass 1988 selbst die sonst gesinnungsfeste Belegschaft der Berliner „taz" gegen die weitere Verwendung in der Kantine des Hauses rebellierte. Vgl. taz vom 19. 7. 2004: „Sandino-Dröhnung".

[7] Zu diesem Ansatz vgl. Der Überblick vom August 1969: „Friedenspartisanen. Zur politischen Dimension der Entwicklungsdienste" (Winfried Böll), und Der Überblick vom Dezember 1970: „Freiwillige im Entwicklungsdienst" (Erhard Eppler).

Obwohl die Mittel aufgrund des anhaltenden diplomatischen Drucks auf die im internationalen Vergleich sehr wohlhabende Bundesrepublik insgesamt weiter stiegen, wurden die Haushaltsansätze der Regierung vor allem auf Initiative der Unionsfraktion beziehungsweise von Finanzminister Franz Josef Strauß mehrfach deutlich gekürzt. Dieser sprach wohl vielen konservativen Kritikern der Entwicklungshilfe aus dem Herzen, als er im Sommer 1966, noch in seiner Funktion als Chef der CSU-Landesgruppe im Bundestag formulierte, er sehe nicht ein, sich dem „Diktat der Empfängerländer" zu beugen oder Großbritannien und Frankreich „in der Abwicklung ihrer exkolonialen Verpflichtungen nach ihrer Flucht aus Afrika behilflich zu sein"[8].

Im Rahmen einer umfassenden „Durchforstung" überprüfte das BMZ alle laufenden und geplanten Projekte der Technischen Hilfe nach Effizienzkriterien. 63 im Planungsstadium befindliche Vorhaben wurden ersatzlos gestrichen, 13 laufende als mangelhaft und möglichst rasch einzustellen bewertet. Die von Wischnewski intensivierte entwicklungspolitische Öffentlichkeitsarbeit war vor allen Dingen darauf ausgerichtet, den Bürgern die Zusammenhänge zwischen der Entwicklungs- und der Außen-, beziehungsweise Wirtschaftspolitik klarzumachen. Die dafür eingesetzten Materialien wie die Wanderausstellung „intercop" oder die Broschüre „Weltblick" waren in Stil und Sprache bewusst eher auf das massenkompatible Niveau der „Bild" ausgerichtet als auf das Seminardeutsch der Studentenbewegung. Noch stand der Diskurs um die Entwicklungshilfe im Zeichen einer defensiven Rechtfertigung.

3. Die kopernikanische Wende?

Das änderte sich, als Ende 1968 Erhard Eppler Hans-Jürgen Wischnewski ablöste. Eppler erklärte bei seiner ersten Pressekonferenz das „apologetische Stadium" der Entwicklungspolitik für beendet[9]. Im Umfeld des Bundestagswahlkampfes 1969 entwickelte er ein ehrgeiziges Reformprogramm, für das er – so lässt sich die eingangs zitierte Regierungserklärung deuten – den Rückhalt seines Parteivorsitzenden Willy Brandt gewinnen konnte. Epplers Konzeption bestand aus einer innen- und einer entwicklungspolitischen Komponente.

---

[8] BAK, B 213/3536, Franz Josef Strauß an Walter Scheel vom 9.8.1966.
[9] E+Z vom Dezember 1968: „Bundesminister Eppler entwickelt sein Programm. Grundlinien der deutschen Entwicklungspolitik für die zweite Dekade".

Innenpolitisch hoffte er, durch eine Reform der Entwicklungshilfe Intellektuelle, engagierte Christen und vor allem die kritische Jugend an die SPD zu binden beziehungsweise im Fall der radikalen „68er" wieder für die parlamentarische Demokratie zu gewinnen. Das Thema „Dritte Welt", so Eppler in einem persönlichen Brief an Brandt vom 16. Oktober 1969, könne „eine unserer Brücken zur jungen Generation" sein[10]. Andererseits hoffte er, durch die finanzielle und ideelle Förderung kritisch-engagierter Gruppen in der Bundesrepublik mittel- bis langfristig eine gesellschaftliche Lobby für die „Dritte Welt" zu schaffen. „Kritische Bewusstseinsbildung" statt „Öffentlichkeitsarbeit" sollte das neue Motto der Auseinandersetzung mit der Entwicklungshilfe sein.

Entwicklungspolitisch lief Epplers Programm auf den Übergang zu einer „Weltinnenpolitik" hinaus, ein Schlagwort, das er vom Physiker, Philosophen und Friedensforscher Carl Friedrich von Weizsäcker übernahm[11]. Die anhaltende verheerende Armut in der „Dritten Welt" drohe, so schrieb Eppler zum Beispiel 1971 in seinem Buch „Wenig Zeit für die Dritte Welt", zu einer ernsten Gefahr für den Weltfrieden zu werden. Neben dem Ost-West- drohe ein Nord-Süd-Konflikt. Um ihn zu vermeiden beziehungsweise zumindest zu entschärfen, müsse die gesamte Entwicklungspolitik sich mehr als bisher an den Interessen der Nehmerländer ausrichten, weniger an denen der Geber. Diese könnten nur noch im Fall langfristiger Interessenkongruenz berücksichtigt werden. Beispielsweise werde mehr globaler Wohlstand dem gesamten Welthandel zugute kommen. Um die kurzfristigen Geberinteressen aus der Entwicklungspolitik der Bundesrepublik zu verdrängen, sei es nötig, diese endlich an eine verbindliche Konzeption zu binden und mittel- bis langfristig zu verplanen. Hierbei müsse man vom „Gießkannenprinzip" abgehen, das sich infolge der Hallsteinpolitik eingebürgert hatte[12], und die deutsche Hilfe auf rund 30 Länder konzentrieren, deren eigenes Entwicklungsprogramm man gutheiße. Die Zuständigkeiten müssten im BMZ konzentriert werden. Auch sei eine Gewichtsverlagerung von der Kapital- auf die Technische und von der bilateralen auf die multilaterale Hilfe nötig. Des weiteren müssten insgesamt erheblich höhere Mittel

---

[10] AdsD, Depositum Eppler, Bd. 1, EEAC 000107.
[11] Evangelische Zeitung vom April 1969: „Generalformel zur Entwicklungspolitik".
[12] Die nach dem Staatssekretär im Auswärtigen Amt Walter Hallstein benannte Doktrin diente dazu, den Alleinvertretungsanspruch der Bundesrepublik durchzusetzen und die DDR zu isolieren. Da diese Politik notwendigerweise gegenüber möglichst allen Staaten außerhalb des Ostblocks vertreten werden musste, wurde in den 1960er Jahren nahezu allen Entwicklungsländern deutsche Hilfe gewährt.

transferiert werden. Die Marke von 0,7 Prozent des Bruttosozialprodukts, die die international besetzte Pearson-Kommission im September 1969 ausgegeben und zu der sich Brandt in seiner Regierungserklärung kurz darauf indirekt bekannt hatte, sei lediglich ein Minimalziel. Schließlich komme man nicht um einschneidende Reformen im Welthandelssystem herum. Die Industrieländer müssten ihre Schutzzölle etwa im Agrarbereich abbauen, den Entwicklungsländern einseitige Handelspräferenzen gewähren und gegebenenfalls sogar interventionistischen Rohstoffabkommen beitreten, in denen die Preise für die Erzeugnisse der armen Länder künstlich angehoben würden.

Beim Versuch, diesen umfangreichen Katalog in die Praxis umzusetzen, verzeichnete Erhard Eppler in den Jahren 1969 bis 1973 vor allem in drei Bereichen bemerkenswerte Erfolge, die als Indikator für die in dieser Zeit vorherrschende Reformeuphorie dienen können. Erstens brachte er das Kabinett dazu, im Februar 1971 eine offizielle „Entwicklungspolitische Konzeption der Bundesrepublik Deutschland" zu verabschieden, die im Wesentlichen seinem Programm entsprach, auch wenn er manche Passagen auf Drängen der anderen Ressorts eher vage hatte formulieren müssen. Zudem ließ er seit Frühjahr 1970 von den Regionalreferaten sogenannte Länderhilfeprogramme für alle Empfängerländer erarbeiten, die jährlich mindestens 30 Millionen DM aus der Bundesrepublik erhielten. Diese Entwicklungspläne basierten auf der Auswertung einer Vielzahl volkswirtschaftlicher Datensätze und sollten für jeweils fünf Jahre sinnvolle Entwicklungsprojekte in den jeweiligen Ländern identifizieren und aufeinander abstimmen. Sie waren jährlich fortzuschreiben und alle zwei bis vier Jahre komplett zu überarbeiten. An die Stelle von Einzelfallentscheidungen über vom Nehmerland beantragte Projekte sollte also eine koordinierte deutsche Projektpolitik treten. Bis 1973 wurden zehn derartige Pläne fertig gestellt, 15 weitere befanden sich im Vorbereitungsstadium.

Zweitens erreichte Eppler eine zweimalige erhebliche Erhöhung der Mittel, die in der unter der Großen Koalition eingeführten Mittelfristigen Finanzplanung für Entwicklungshilfe vorgesehen waren. Nachdem er Brandt dazu gebracht hatte, entsprechende Passagen in seine Regierungserklärung aufzunehmen, verhandelte Eppler bis Januar 1970 mit dem neuen Finanzminister Alex Möller, der wie er der SPD angehörte. Schließlich einigte man sich, die Ansätze nicht mehr nur wie ursprünglich vorgesehen um rund siebeneinhalb, sondern um elf Prozent jährlich anzuheben. Damit hätte die Entwicklungshilfe, selbst im Rahmen des insgesamt stark wachsenden Bundeshaushalts, überproportionale Zuwächse verzeichnet. Diese

Planung ließ sich jedoch in den folgenden zwei Jahren nicht voll umsetzen, da es zu einer konjunkturellen Überhitzung kam, der der neue Superminister für Wirtschaft und Finanzen Karl Schiller mit einer zumindest relativen Drosselung der staatlichen Ausgaben zu begegnen suchte. Nach dem Rücktritt Schillers und dem Wahltriumph der SPD bei den vorgezogenen Neuwahlen 1972 unternahm Eppler daher einen zweiten Anlauf. Mit dem Hinweis darauf, dass sich die Bundesrepublik infolge des starken Wirtschaftswachstums trotz der leichten Steigerung der Entwicklungshilfe in absoluten Zahlen vom anerkannten 0,7 Prozent-Ziel entferne, was zu schweren internationalen Konflikten führen würde, gelang es ihm im September 1973, eine neue, noch stärker erhöhte Mittelfristige Finanzplanung im Kabinett durchzusetzen. Diese sah vor, die Entwicklungshilfe in den kommenden fünf Jahren zu verdoppeln.

Drittens schaffte Eppler es tatsächlich, die Zuständigkeit für die Projektdurchführung in seinem Ministerium zu konzentrieren. In den Jahren 1969 bis 1971 brachte er das Landwirtschafts- und das Wissenschaftsministerium sowie das Bundespresseamt, die noch eigene Projekte der Technischen Hilfe bearbeiteten, dazu, diese an ihn abzugeben. Hartnäckiger wehrte sich dagegen Bundeswirtschaftsminister Karl Schiller, den schon Hans-Jürgen Wischnewski als „Zuständigkeitsfetischisten" erlebt hatte[13]. Erst nach dessen Rücktritt und dank einer neuen Koalitionsarithmetik – die FDP erhielt in der zweiten Regierung Brandt fünf statt drei Ressorts, darunter das Wirtschaftsressort, das im Gegenzug geschwächt wurde – konnte Eppler 1973 auch die Kapitalhilfeprojekte übernehmen. Das ungeliebte Ausschusssystem wurde aufgelöst.

Eine sachlich weitgehend folgenlose Episode aus dem BMZ zeigt eindrucksvoll, wie sehr mancher Anhänger der sozialliberalen Koalition in den ersten Jahren nach dem „Machtwechsel" daran glaubte, vieles, wenn nicht alles neu und anders machen zu können. Als die Reorganisation des Ministeriums zu einer planenden Verwaltung anstand, beschloss dessen neuer Staatssekretär Karl-Heinz Sohn, der zuvor mehrere Jahre die Abteilung Mitbestimmung des Deutschen Gewerkschaftsbunds geleitet hatte, das Brandtsche Motto „Wir wollen mehr Demokratie wagen" wörtlich zu nehmen. Er ermutigte alle Arbeitseinheiten des Hauses, eigene grundsätzliche Organisationskonzepte vorzulegen, die in einer Klausurtagung beziehungsweise Vollversammlung des Hauses am 1./2. Juli 1970 zusammen-

---

[13] Hans-Jürgen Wischnewski, Mit Leidenschaft und Augenmaß. Politische Memoiren, München 1989, S. 51f.

geführt wurden. Am weitesten gingen dabei die Vorstellungen eines jungen Referenten, der offensichtlich von den Ideen der Studentenbewegung inspiriert war. Auch im BMZ müsse das „Verwaltungsdenken" ausgetauscht werden gegen die Prinzipien „Persönlichkeitsentfaltung, Phantasie, Initiative, kreatives Denken". Die Projekte sollten Kleingruppen von je vier bis sieben Beamten übertragen werden, die frei und in kollektiver Verantwortung entscheiden könnten. Dabei hätten sie sich an der Solidarität mit den „Völkern der Dritten Welt" zu orientieren, notfalls auch gegen deren Regierungen oder die Interessen der anderen bundesdeutschen Ressorts. Diese Ausführungen veranlassten Eppler, dem jungen Mann eine Einführung in die Grundsätze der parlamentarischen Demokratie zukommen zu lassen: „Nach der Verfassung [ist] an der Verantwortlichkeit des Ministers gegenüber dem Parlament nicht zu rütteln." Auch könne „die durch Wahlen getroffene Entscheidung des Volkes nicht modifiziert beziehungsweise korrigiert werden." Daher sei ein gewisses Maß an Hierarchie und Kontrolle in einem Bundesministerium unabdingbar[14].

Nach diesem Zwischenfall wurde die Mitbestimmung der BMZ-Beamten über die Organisation des Hauses wieder auf eine Mitwirkung reduziert. Der schließlich in Kraft getretene Organisationsplan entsprach im Wesentlichen dem Entwurf, den Karl-Heinz Sohn schon im November 1969 erarbeitet hatte. Dennoch wurden Eppler und Sohn von zahlreichen linksliberalen Medien für dieses Experiment gefeiert. Wie bei ähnlichen Vorgängen im Deutschen Entwicklungsdienst hat sich auch hier erwiesen, wie differenziert die zeittypische Forderung nach „Demokratisierung" zu bewerten ist. Es kommt darauf an, in jedem Einzelfall zu berücksichtigen, wer mit welcher Legitimation worüber mitbestimmen sollte und wem durch die neue Form der Mitbestimmung Entscheidungsbefugnisse entzogen wurden.

4. Die Grenzen des Machbaren?

Nicht nur an diesem Beispiel zeigt sich, dass die Bäume in Sachen Entwicklungspolitik selbst in den ersten Jahren der sozialliberalen Ära nicht in den Himmel wuchsen. In Sachen „Bewusstseinsbildung" ist die Bilanz vielmehr ausgesprochen zwiespältig: Einerseits entstanden bis 1978 rund 1 000 Basisinitiativen, die sich intensiv mit der Entwicklungspolitik oder im Fall der sogenannten Ländersolidarität mit dem Schicksal einzelner unterentwickelter Staaten beschäftigten. Einige davon, wie etwa das Informationszentrum

---

[14] BAK, B 213/4195, Materialien zur BMZ-Klausurtagung.

3. Welt in Freiburg oder die mittlerweile gut 800 deutschen „Weltläden", bestehen bis heute und sammeln nicht nur Geld für ihre Partner in den armen Ländern, sondern leisten entwicklungspolitische Aufklärungsarbeit. Andererseits gelang es dieser „Solidaritätsbewegung" kaum, sich über ihr akademisches und kirchliches Ursprungsmilieu hinaus auszubreiten. Auch in der zweiten Hälfte der 1970er Jahre ergab sich in Umfragen ein Meinungsbild, das dem Mitte der 1960er weitgehend entsprach: Im Allgemeinen standen die Deutschen der Tatsache, dass die Bundesrepublik den armen Völkern Hilfe leistete, wohlwollend-desinteressiert gegenüber. Wenn sie aber im Speziellen gefragt wurden, worauf die Deutschen konkret zugunsten der „Dritten Welt" verzichten sollten, reagierten sie unwillig-skeptisch. Bei Umfragen nach Politikfeldern, in denen der Staat den Rotstift ansetzen sollte, rangierte die Entwicklungshilfe nach wie vor auf Spitzenplätzen.

Nachdem Erhard Eppler die Entwicklungspolitik bewusst in parteipolitische Überlegungen einbezogen hatte, begann ab 1970 auch die Union unter der Führung ihres entwicklungspolitischen Sprechers Walther Leisler Kiep diese zum Schauplatz gezielter Polarisierung zu machen. Er und sein CSU-Kollege Hans Roser warfen Eppler vor, durch seine Politik ziehe sich ein „roter Faden", etwa wenn das BMZ sich für einen Kredit an Chile stark machte, solange dort der Sozialist Salvador Allende an der Macht war, diesen aber nach dem Pinochet-Putsch 1973 entschieden ablehnte. Das komplizierte Feld der Entwicklungshilfe, auf dem angesichts der Vielzahl der Akteure und Projekte Fehlleistungen nie ganz auszuschließen waren, bot ihnen reichlich Stoff für Angriffe auf die Regierung, so etwa als 1971/72 zweimal Personal des Deutscher Entwicklungsdiensts in Bolivien wegen vermeintlicher subversiver Tätigkeit gegen die Junta unter General Hugo Banzer verhaftet wurde oder als Ende 1973 der Bundesrechnungshof ein sehr negatives Gutachten über die Organisation der Technischen Hilfe vorlegte.

Schließlich wurden wichtige Teile des Epplerschen Reformkatalogs auch durch diverse sozialliberale Mitstreiter blockiert, deren Prioritäten eher im Bereich der Außen-, Finanz- oder Wirtschaftspolitik lagen. So scheiterte jede Form der automatischen Entwicklungsfinanzierung – etwa per Wiederverwendung der Kredittilgung beziehungsweise der Zinsen aus Staaten der „Dritten Welt" oder durch sogenannte Sonderziehungsrechte im Internationalen Währungsfonds – am Nein der Finanzpolitiker. Auch gelang es nicht, in nennenswertem Umfang Schutzzölle, Importkontingente oder Erhaltungssubventionen abzubauen, die die „Dritte Welt" daran hinderten, aus eigener Kraft Hilfe durch Handel zu ersetzen. Im Januar 1974 wies der Parlamentarische Staatssekretär des BMZ, Hans Matthöfer, im Fachausschuss des Bundestags entnervt darauf hin, dass noch immer mehr als 800 solcher Regelungen beständen. Schließlich verhinderte das Auswärtige Amt auch nach der Unterzeichnung des Grundlagenvertrags mit der DDR und dem damit verbundenen Ende der „Hallsteinzeit", dass die deutsche Hilfen statt an gut 100 nur noch an rund 30 Partnerstaaten flossen. Erfolgreich weisen die Diplomaten darauf hin, dass ein Abbruch der Hilfe aus entwicklungspolitischen Gründen immer auch als unhaltbarer außenpolitischer Affront wirke.

Die tendenziell konservativen entwicklungspolitischen Kräfte, die es schon zu Zeiten der CDU-Kanzler gegeben hatte, waren also auch in der kurzen „Ära Brandt" keinesfalls verschwunden. Sie waren auch nicht auf das Lager der Unionsanhänger beschränkt. Allerdings hatte sich das Kräfteverhältnis zwischen ihnen und dem eher progressiven Lager zugunsten des Letzteren verändert. Dessen politische Vertreter, allen voran Erhard Eppler, beriefen sich auf internationale Kritik an der bisherigen Entwicklungspolitik ebenso wie auf kirchliche und studentische Kreise in Deutschland. Bildeten diese eine zeitweise sehr engagierte und lautstarke Lobby, so bezogen sich die Reformskeptiker eher auf eine Art „stille Mehrheit".

Dass sie schließlich aus der Defensive kamen und 1974 eine Art „Konterreform" einleiten konnten, lag an der erneuten Veränderung der politischen Rahmenbedingungen. Zum einen begann die Regierung Brandt nach ihrem Triumph bei der Bundestagswahl 1972 und nach der Verabschiedung der sogenannten Ostverträge rasch zu kriseln. Der unter anderem von seinem Parteifreund Herbert Wehner kritisierte Kanzler trat im Mai 1974 zurück, nachdem in seinem Umfeld ein Spion der DDR entdeckt wurde und persönliche Enthüllungen sowie eine weitere Schwächung seiner Autorität drohten. Sein Nachfolger, der vormalige Superminister für Wirtschaft und Finanzen, Helmut Schmidt, galt im Unterschied zu Brandt nicht als Visionär und Reformer, sondern als pragmatischer „Macher". Genau diese Qualitäten schienen nun besonders gefragt, da die Vereinigung der Erdöl exportierenden Staaten (OPEC) aus Protest gegen die westliche Unterstützung für Israel im Jom-Kippur-Krieg 1973 die Förderquoten reduziert und den Ölpreis in die Höhe getrieben hatte.

Der dadurch entstandene riesige volkswirtschaftliche Schaden betraf die Entwicklungspolitik in zweierlei Hinsicht. Zum einen wurden die staatlichen Transferleistungen erneut scharf in Frage gestellt. Das äußerte sich unter anderem darin, dass eine überparteiliche Gruppe unter der Führung des SPD-Bundestagsabgeordneten Helmut Esters im Frühjahr 1974 die eben erst errungene Alleinzuständigkeit des BMZ wieder einschränkte und eine erheblich verstärkte Kontrolle des Haushaltsausschusses und des Finanzministeriums durchsetzte. Zum anderen gehörten gerade diejenigen Entwicklungsländer, die selbst Öl importieren mussten, zu den am stärksten betroffenen Ländern, so dass eigentlich mehr und nicht weniger Hilfe angezeigt gewesen wäre. Die Verhandlungen für eine europäische beziehungsweise UN-Sonderhilfe für diese Staaten im Juni 1974 nutzte Schmidt, um den ihm laut Aussage Egon Bahrs „herzlich unsympathischen"[15] Eppler persönlich zu brüskieren. Als kurz darauf auch noch die für die Entwicklungshilfe so überaus günstige Mittelfristige Finanzplanung um satte 2,2 Milliarden DM gekürzt wurde und damit das 0,7 Prozent-Ziel in unerreichbare Ferne[16] rückte, trat Eppler zurück.

Seinen Nachfolger, Egon Bahr, schickte Schmidt mit folgendem Auftrag ins Amt: „Mach, was Du für richtig hältst, aber möglichst wenig Ärger."[17] Die Zeit der entwicklungspolitischen Reformeuphorie war vorbei. Entwicklungshilfe war weder zu einem Kristallisationspunkt „internationaler Solidarität" noch zu „Weltinnenpolitik", sondern wieder zu einem eher zweitrangigen Politikfeld geworden. Allerdings folgte dieses – auch dank der Anstrengungen Erhard Epplers – nun stärker seinen eigenen Gesetzmäßigkeiten und wurde nicht mehr so offen instrumentalisiert wie zur Zeit der „Hallsteinpolitik". Auch schrumpften die absolut vergebenen Mittel trotz aller Krisen nicht, sondern wuchsen im Großen und Ganzen parallel zum Rest des Bundeshaushalts weiter. Ob man das unterm Strich als Scheitern oder Erfolg bewerten will, ist keine wissenschaftliche, sondern eine politische Frage.

Aus Sicht des Historikers lässt sich am Beispiel dieses Reformprojekts jedoch zeigen, dass die Wertung, die Bundesrepublik sei 1968/1969 „umgegründet" worden, deutlich überpointiert ist. Auch die Zuschreibung, dass gerade die revoltierenden „68er" dabei eine ganz zentrale Rolle gespielt, gar „alles verändert" hätten[18], lässt sich nicht aufrecht erhalten, da sie nicht isoliert wirkten. Vielmehr war ihre Bewegung eingebettet in einen breiteren Wertewandel. Selbst dort, wo sie unmittelbar Wirkung entfalteten, taten sie es primär indirekt, das heißt in Interaktion mit gesellschaftlichen Groß-

---

[15] Egon Bahr, Zu meiner Zeit, München 1996, S. 465.
[16] Im November 2009 bekräftigte die Parlamentarische Staatssekretärin im Entwicklungsministerium, Gudrun Kopp, zum wiederholten Mal, die Bundesrepublik stehe noch immer zu diesem Ziel. Man wolle es nun bis 2015 erreichen. Im Vergleich zu den Versprechungen Brandts und Epplers ergibt das eine Verschiebung um 40 Jahre!
[17] Bahr, Zu meiner Zeit, S. 465f.
[18] Vgl. z. B. Wolfgang Kraushaar, 1968. Das Jahr, das alles verändert hat, München u. a. 1998.

gruppen wie den linksliberalen Parteien und den Kirchen. Diese griffen teilweise bewusst Forderungen der revoltierenden Jugend auf, um sie zu reintegrieren – ein Verhalten, das die radikalen „68er" als „repressive Toleranz" fürchteten wie der Teufel das Weihwasser.

In der Politik verschoben sich so für eine Zeit lang die Gewichte zwischen konservativen und reformorientierten Kräften, ohne dass dabei die grundsätzlichen Spielregeln der schon länger funktionierenden Bonner Republik außer Kraft gesetzt worden wären. Und auch der gesellschaftliche Wandel vollzog sich eher allmählich als in Form harter Brüche, eher milieuspezifisch als allgemein. Die westdeutsche Gesellschaft war, wie die Entwicklung der „Dritte-Welt-Bewegung" verdeutlicht, plural geworden, in all ihren Teilen „fundamental liberalisiert"[19] war und ist sie wohl eher nicht.

---

[19] So die Deutung Ulrich Herberts im Anschluss an eine Formulierung von Jürgen Habermas; vgl. Ulrich Herbert, Liberalisierung als Lernprozess. Die Bundesrepublik in der deutschen Geschichte – eine Skizze, in: ders. (Hrsg.), Wandlungsprozesse in Westdeutschland. Belastung, Integration, Liberalisierung 1945–1980, Göttingen 2002, S. 7–49, hier S. 7.

Anne Rohstock
Nur ein Nebenschauplatz
Zur Bedeutung der „68er"-Protestbewegung für die westdeutsche Hochschulpolitik

1. Zur Einführung

Für die bundesdeutsche Öffentlichkeit ist klar: Die Studentenrevolte des Jahres 1968 hat die Hochschulen grundlegend umgekrempelt. Auf dem Höhepunkt der Proteste habe die Politik gar nicht mehr anders gekonnt, so ist immer wieder zu lesen, als den studentischen Forderungen insbesondere nach „Demokratisierung" nachzugeben. Die umfassenden Hochschulreformen, die Bund und Länder in den 1960er und 1970er Jahren in Angriff nahmen, gehen für die Meisten deswegen ganz eindeutig auf das Konto der radikalen Studenten um Rudi Dutschke.

Was das jedoch bedeutete, darüber gehen die Einschätzungen weit auseinander. Positiv beurteilten das die einen, weil sie dadurch einer „Demokratisierung" des Hochschulwesens der Bundesrepublik den Weg geebnet sahen. Verwiesen wird dabei gerne auf neue Mitbestimmungsregelungen, auf eine an „gesellschaftlicher Relevanz" orientierte Studienreform, aber auch auf die Öffnung der Universitäten für breitere gesellschaftliche Schichten. Für andere hingegen war der vermeintliche Einfluss der Hochschulrevolte auf die Hochschulreform verheerend. Ihrer Meinung nach hatte die Politik im Fahrwasser von „68" Leistungsnivellierung, Gremienunwesen und Politisierung der Alma Mater Tür und Tor geöffnet. Und eine dritte Gruppe schließlich machte Langzeitfolgen der Bewegung aus, in denen die „68er" gar als geistige Väter des heute viel gescholtenen Neoliberalismus erschienen. Mit ihrer Forderung nach Offenheit, Transparenz und gesellschaftlicher Anbindung des Studiums hätten die radikalen Studenten zwar unwillentlich, doch immerhin indirekt die Unterwerfung der Hochschule unter die Gesetze des Wettbewerbs und des Marktes eingeleitet. Kurz und knapp: Die Studentenrevolte des Jahres 1968 galt vielen entweder als Auslöser einer umfassenden gesellschaftlichen „Demokratisierung" Westdeutschlands oder als stärkste Herausforderung der sozialen Demokratie bundesrepublikanischen Musters seit Inkrafttreten des Grundgesetzes.

Die zentrale These des vorliegenden Beitrags ist, dass der Einfluss der Hochschulrevolte auf die Hochschulreform sehr viel geringer war als bisher angenommen. Letztlich waren die Studentenproteste sogar lediglich ein

Nebenschauplatz in der Hochschulreform. Spektakuläre Aktionen wie Sit-ins in Hörsälen, „Vorlesungssprengungen" und Rektoratsbesetzungen haben nämlich lange Zeit einen viel wirkungsmächtigeren und erheblich älteren Konflikt verdeckt: den Konflikt zwischen wachsenden staatlichen Steuerungsintentionen auf der einen und dem traditionellen Selbstverständnis der deutschen Universität auf der anderen Seite[1]. Diese Spannungen hatten sich bereits Ende der 1950er Jahre angebahnt, als es – ausgehend von den USA – zu einem enormen Bedeutungszuwachs neuer, dem internationalen Raum entstammender Bildungstheorien gekommen war. Hier ist vor allem die Humankapitaltheorie zu nennen. Sie nahm einen engen Zusammenhang zwischen höherer Bildung (in ihrer Bedeutung als *Aus*bildung) und dem Fortschritt der modernen Gesellschaft an. Diese Vorstellung stand dem humanistischen Bildungsideal der deutschen Hochschule diametral entgegen. Demnach war Bildung primär intrinsisch motiviert und hatte vor allem Selbstzweck zu sein. In der Folge kollidierten die im Sinne der neuen globalen „Bildungsideologie" formulierten Modernisierungsabsichten der Politik mit historisch gewachsenen kulturellen Eigentümlichkeiten (sogenannte Idiosynkrasien) der deutschen Universitäten. Das führte schließlich zum Scheitern der großangelegten, politischen Hochschulreformen der 1960er und 1970er Jahre, die innerinstitutionell zumeist auf einer rein formalen Ebene stecken blieben[2].

2. Von der Bildung zur Ausbildung:
Die Hochschulen zwischen politischen Reformvorhaben und neuen gesellschaftlichen Ansprüchen 1957 bis 1968

Ende der 1950er Jahre begann sich mit der Hochschulpolitik ein neues Politikfeld zu etablieren, das in dieser Form in der Bundesrepublik bis dato nicht existiert hatte. Innerhalb weniger Jahre wandelte sich der Sektor der kulturstaatlichen und zumeist rein administrativen Wissenschaftspflege hin zu einem gesellschafts- und wirtschaftspolitisch relevanten Investitionsgebiet. Bildung erlebte in diesem Kontext einen radikalen Bedeutungswandel: Das aus Neuhumanismus und Idealismus stammende, unscharf an „Innerlichkeit" orientierte Konzept einer intrinsisch motivierten, ganzheitlichen Persönlichkeitsbildung des Individuums wurde auf politischer Ebene abgelöst

---
[1] Vgl. Olaf Bartz, Wissenschaftsrat und Hochschulplanung in der Bundesrepublik Deutschland 1957–1975, Köln 2005.
[2] Vgl. Anne Rohstock, „Failure" as principle of reform? The reform of Higher Education in the Federal Republic of Germany 1949–2009 (in Vorbereitung).

durch ein außengeleitetes, pragmatisches und in weiten Teilen szientistisches Konzept von gesellschaftsrelevanter Massenausbildung. Bildung meinte nun nicht mehr die geistige Vervollkommnung des Einzelnen als exklusives Vorrecht einer gesellschaftlichen Elite, sondern die Vermittlung von nützlichem, dem Fortschritt dienenden, anwendbaren Wissen für viele. Dieser bildungspolitische Paradigmenwechsel vollzog sich gleichsam über Nacht und hatte seinen Ursprung in mindestens drei hochkomplexen Entwicklungen: im Kalten Krieg und den dadurch geschaffenen globalen Rahmenbedingungen, im wirtschaftlichen Aufschwung und im Aufstieg der Sozialwissenschaften beziehungsweise dem durch sie beförderten gesellschaftlichen Wandel. Alle drei Entwicklungen gilt es im Folgenden in groben Strichen nachzuzeichnen.

Mit dem Sputnik-Schock des Jahres 1957 erreichte die globale Blockkonfrontation auch die Klassenzimmer und Hörsäle der Republik. Dieses neue, von außen auf die Bundesrepublik wirkende Bedrohungsszenario weitete den bislang primär nationalen Blickwinkel der Bildungspolitik allmählich und führte zu einer Internationalisierung der Perspektive. Diese Entwicklung wurde noch verstärkt durch zahlreiche international vergleichende Studien, die insbesondere aus dem Umfeld der 1960 gegründeten Organisation für wirtschaftliche Zusammenarbeit und Entwicklung (OECD) stammten. Auf der Basis zum Teil fragwürdiger empirischer Daten erstellte die OECD sogenannte Bildungsrankings, die Auskunft über die Platzierung einzelner Staaten im internationalen Vergleich gaben. Damit leistete sie nicht nur dem Wettbewerb innerhalb der westlichen Welt selbst Vorschub. Ihre statistischen Erhebungen suggerierten darüber hinaus schwer zu überprüfende bildungspolitische Fakten und beförderten dadurch Zahlengläubigkeit und numerischen Schematismus in der Hochschulpolitik.

Zudem wurden internationale Organisationen wie die OECD in den 1960er Jahren zu *dem* Umschlagplatz neuer, aus dem amerikanischen Raum stammenden Bildungstheorien, die über einzelne Akteure Eingang in die jeweilige nationale Politik fanden. In der Bundesrepublik waren es insbesondere Friedrich Edding, Georg Picht, Hellmut Becker und Ralf Dahrendorf, die der auch in anderen Ländern besonders wirkungsmächtigen Humankapitaltheorie zum Durchbruch verhalfen. Kurz gesagt begriff diese Theorie bildungspolitische Ausgaben als wirtschaftliche Investitionen und erlangte mit ihrer zweckgerichteten, utilitaristischen Sichtweise erheblichen Einfluss auf die Ausbildung eines Kosten-Nutzen-Denkens, wie es in der Folge nicht nur für die Bildungs- und Hochschulpolitik in der Bundesrepublik prägend wurde.

Neben dem Kalten Krieg war es vor allen Dingen das westdeutsche „Wirtschaftswunder", das für den oben beschriebenen Paradigmenwechsel verantwortlich zeichnete. Noch bevor die Politik den Zugang zu höherer Bildung aktiv förderte, waren im Fahrwasser des ökonomischen Aufschwungs seit dem zweiten Drittel der 1950er Jahre die Studentenzahlen rapide gestiegen. Mit dem wirtschaftlichen Wohlstand breiterer gesellschaftlicher Schichten hatten sich nämlich auch die Bildungsaspirationen der Bevölkerung zu verändern begonnen. Hier brach sich in den folgenden Jahrzehnten vor allen Dingen eine Feminisierung der höheren Bildung Bahn. Darüber hinaus kurbelte die boomende Wirtschaft die Akademisierung der Ausbildungsgänge und die Nachfrage nach hoch qualifizierten Fachkräften an. Insbesondere in den personalintensiven naturwissenschaftlichen und technischen Fächern sowie in den Fächern der Philosophischen Fakultäten kam es zu einem Studentenansturm, dem die traditionell auf die Bildung einer kleinen gesellschaftlichen Elite ausgerichteten Hochschulen sowohl strukturell als auch organisatorisch nicht gewachsen waren.

Das erkannte auch die Politik. Sie stellte in der Folge Überlegungen an, wie der Bedarf der wachsenden Wirtschaft an gut ausgebildeten Fachkräften auch in Zukunft gesichert werden könne. Die Notwendigkeit, die Studentenzahlen zu erhöhen, stand über die Parteigrenzen hinweg außer Frage, schien man doch nur so mit der internationalen Entwicklung Schritt halten zu können – eine Entwicklung, die nach Meinung der Politik vor allen in Richtung einer „besseren", berufsorientierten und damit gesellschaftlich „nützlichen" Ausbildung für mehr Menschen ging. Hier wirkte sich eindeutig die Humankapitaltheorie aus. Nicht nur erwies sie sich in dieser Janusköpfigkeit als Kind des Kalten Krieges, dessen Kontrahenten in ihrem Streben nach moralisch-politischer *und* ökonomischer Überlegenheit ja selbst zwei Seiten ein- und derselben Medaille sahen. Das indirekt emanzipatorische Plädoyer der Humankapitaltheorie für mehr und „bessere" Bildung für alle, das in der Bundesrepublik nicht zufällig als „Bürgerrecht auf Bildung" umgedeutet wurde, erklärt erst ihren durchschlagenden Erfolg[3].

Damit eng in Verbindung stand ein langsam an Fahrt gewinnender gesellschaftlicher Wandel, der auf Universitätsebene vor allen Dingen von den Sozialwissenschaften eingeleitet und vorbereitet wurde und der neben Kaltem Krieg und wirtschaftlichem Aufschwung beschleunigend auf den bildungspolitischen Paradigmenwechsel wirkte. Mit dem Ausbau der Sozialwissenschaften seit den 1960er Jahren ging zum einen eine Szientifizierung und

---

[3] Vgl. Ralf Dahrendorf, Bildung ist Bürgerrecht. Plädoyer für eine aktive Bildungspolitik, Osnabrück 1965.

Rationalisierung der Hochschulpolitik einher, die ihren wirkungsmächtigsten Ausdruck in der Planungseuphorie des Jahrzehnts fand. Zum anderen ebneten gerade die Sozialwissenschaften einem neuen Bildungsverständnis den Weg, indem sie Ausbildung und Bildung auf eine Stufe stellten und die gesellschaftliche Relevanz von Wissen betonten. Der Soziologe Ralf Dahrendorf etwa befürwortete in seinem Hochschulgesamtplan für Baden-Württemberg die Teilung und institutionelle Trennung des Studiums in einen berufspraktischen und einen wissenschaftlich-theoretischen Teil. Damit nahm Dahrendorf zahlreiche Forderungen nach einer stärkeren gesellschaftlichen Anbindung des Studiums auf, wie sie insbesondere von seinen Kollegen, etwa dem Politikwissenschaftler Waldemar Besson und dem Soziologen Helmut Schelsky artikuliert worden waren. Sie alle hatten sich gegen die traditionelle Vorstellung insbesondere der Philosophischen Fakultäten gewandt, dass sich Wissenschaft vom praktischen Leben abgrenzen könne, und hielten die Nachdrücklichkeit, mit der die Hochschulen das „Humboldtsche Universitätsideal als für ihre ganze Arbeit verpflichtend" bezeichneten, für ein „manchmal auch ein wenig verlogene[s] Pathos"[4]. Nicht erst die Studentenrevolte also, sondern vielmehr bekannte akademische Lehrer unterminierten damit die tradierte Bildungsidee der deutschen Universität und leisteten dem Durchbruch eines neuen Bildungsverständnisses in der Politik Vorschub.

Das spiegelt sich auch in der Tatsache wider, dass insbesondere von den Politik- und Soziologielehrstühlen nachhaltige Impulse zur Modernisierung der Hochschulstrukturen ausgingen, die letztlich von der Politik aufgegriffen wurden. Inhaltlich standen sie der Radikalität der Studenten gegen Ende des Jahrzehnts in kaum etwas nach. Die Soziologen Ralf Dahrendorf, Ludwig von Friedeburg, Jürgen Habermas und Eduard Baumgarten sowie insbesondere die Politikwissenschaftler Christian Graf von Krockow und Wolfgang Abendroth etwa forderten bereits zu Beginn der 1960er Jahre in teils deutlicheren Worten als ihre Schüler die Enthierarchisierung und Enttraditionalisierung der deutschen Universität und stellten damit der Studentenrevolte bereits das Vokabular für ihre Kritik zur Verfügung. Für sie waren „kritische Gegeninstitutionen"[5], die Abschaffung der „unbeschränkten Herrschaft der Institutsleiter", „kooperative Autorität"[6] und das Ziel, die

---

[4] BWA, K9/2788, Ludwig Raiser an Werner Ernst vom 22. 3. 1967.
[5] Vgl. Das 2. Loccumer Hochschulgespräch, 1. Teil, in: DUZ 5 (1963), S. 29–32, und Das 2. Loccumer Hochschulgespräch, 2. Teil: Schlussbericht, in: DUZ 6 (1963), S. 33–37.
[6] BayHStA, MK 68576, Bericht des bayerischen Kultusministeriums (Nr. V/88201) über

Universität in „kleine Gruppen zu zerschlagen"[7], unabdingbare Voraussetzungen dafür, dass die Hochschulen an die Entwicklung der Moderne angepasst werden konnten. Diese Befunde widersprechen der gängigen Behauptung, der Sozialistische Deutsche Studentenbund (SDS) habe eine Vorreiterrolle in der Hochschulreform gespielt.

Der bildungspolitische Paradigmenwechsel fand seinen Niederschlag in konkreten politischen Reformmaßnahmen. Der neue Glaube an die Nützlichkeit und gesellschaftliche Relevanz von Bildung führte zunächst einmal zu einem umfassenden Ausbau der bestehenden Einrichtungen und zur Neugründung von Universitäten in der gesamten Bundesrepublik. Dadurch kam es zu einer bis dato beispiellosen Expansion der höheren Bildung in Westdeutschland. Trotz unterschiedlicher politischer Konstellationen nahmen das SPD-regierte Hessen wie das CSU-geführte Bayern darüber hinaus sehr ähnliche organisatorische Reformmaßnahmen in Angriff. Das betraf insbesondere Initiativen zur Studienreform, zur Neuordnung des Berufungswesens sowie zur Kolleggeldreform[8]. Umfassendere organisatorische Neuregelungen wurden in Bayern im Zuge des Aufbaus der Universität Regensburg verwirklicht. Insbesondere die Einführung des Departmentsystems nach amerikanischem Vorbild, mit dem die als starr und unzeitgemäß empfundene Fakultäts- und Institutsstruktur durchbrochen werden sollte, war Kern der Reformkonzeptionen sowohl in Bayern als auch in Hessen, ja letztlich der Neuordnungsentwürfe in vielen westeuropäischen Ländern zu diesem Zeitpunkt.

Auf der politischen Ebene verlief die Hochschulreform also erstaunlich konfliktfrei, ja fast schon harmonisch. Das neue Bildungsverständnis hatte einem Modernisierungsparadigma Vorschub geleistet, das mit Kriterien wie Rationalität, Leistungssteigerung und Effizienz parteipolitische Differenzen frappierend lange einebnete und letztlich einen bayerisch-hessischen Schulterschluss in der Hochschulpolitik hervorbrachte.

Dennoch barg die Hochschulreform insgesamt enormes Konfliktpotenzial. Die Frontlinien verliefen dabei zwischen der Politik auf der einen und den Universitäten auf der anderen Seite. Das mussten die bildungspolitisch Verantwortlichen in Bayern und Hessen insbesondere bei der Umsetzung

---

über die Tagung „Universität neuen Typs?" in der Evangelischen Akademie in Loccum vom 17.-20.11.1961.
[7] AdsD, NL Schütte Box 27, Vortrag Eduard Baumgartens auf der Hochschulpolitischen Informationstagung in Mannheim vom 29.6.-1.7.1962.
[8] Dieser Praxis zufolge wurde die Vorlesungstätigkeit der Professoren abhängig von der Zahl der „hörenden" Studenten und der Häufigkeit der Lehrveranstaltungen vergütet.

der Neuordnungen in den einzelnen Universitäten schmerzlich erfahren. Schon der Ausbau der Hochschulen verlief keineswegs so problemlos, wie das die beeindruckenden Zahlen in der Rückschau suggerieren. Im Gegenteil: Historisch gewachsene Strukturen und kulturelle Eigenheiten der Ordinarienuniversität standen der Expansion in vielen Einzelfällen entgegen. So erschwerte etwa die Organisation der Universität nach dem Lehrstuhlprinzip die Einrichtung von Parallellehrstühlen, stand das Kolleggeldsystem der Teilung zu groß gewordener Vorlesungen im Weg oder verhinderten Prestigedenken und Vorstellungen, wie eine akademische Karriere zu verlaufen habe, Berufungen von wissenschaftlich ausgewiesenen, jüngeren Kollegen. Insbesondere die Philosophischen Fakultäten wandten sich gegen die Entwicklung zur Massenuniversität und wiesen in viel beachteten öffentlichen Debatten auf die vermeintlich wachsende Zahl sogenannter Brotstudenten hin. Deren „soziales Geltungsbedürfnis" und ihre angeblich primäre Orientierung am individuellen sozialen Aufstieg schienen vielen Geisteswissenschaftlern die neuhumanistische Bildungsidee und damit ein Studium im Geiste Humboldts zu „ruinieren" und zu „missbrauchen"[9].

Traf also schon der politisch forcierte Ausbau der Universitäten auf teils starke hochschulinterne Vorbehalte, gilt das in noch größerem Maße für die qualitativen Neuordnungsbemühungen der Politik. Das hessische Hochschulgesetz von 1966 etwa entfachte in fast jedem einzelnen Punkt, von der Semesterdauer bis hin zur Einführung eines mehrjährigen Rektorats, von den moderaten neuen Mitbestimmungsregelungen bis hin zur Studienreform, von der Auflösung der Fakultäten in Abteilungen bis hin zur Reform des Berufungs- und Habilitationswesens, langwierige und von größten Bedenken geprägte Diskussionen in den Universitäten. Mit Händen und Füßen etwa wehrten sich die hessischen Hochschulen dagegen, dass die Verantwortung der Fakultäten für die Ausbildung der Studierenden im hessischen Hochschulgesetz festgeschrieben werden sollte. Viel zu sehr widersprach dieser neue politische und gesellschaftliche Ausbildungsanspruch der tradierten Idee von Bildung und dem Humboldtschen Prinzip der Einheit von Forschung und Lehre.

Wie aufgeheizt die Stimmung damit bereits Mitte der 1960er Jahre in den Hochschulen war, beweist vor allem die Tatsache, dass einige Ordina-

---

[9] Die Zeit vom 11.1.1963: „Der Durchschnittsstudent" (Walther Killy), S. 9; Walther Killy, Bildungsfragen, München 1971; An die Neuimmatrikulierten u. Rede des Rektors der Justus-Liebig-Universität Gießen, in: DUZ 6 (1962), S. 20–22; Jürgen Fischer, zit. nach Diskus 7 (1960), S. 3.

rien die Maßnahmen des hessischen Kultusministers Ernst Schütte mit der Hochschulgesetzgebung Ulbrichts „in der Ostzone" oder mit der Wissenschaftspolitik des Nationalsozialismus verglichen. Die vier Rektoren der hessischen Hochschulen drohten den Sozialdemokraten darüber hinaus sogar offen mit dem Rücktritt von ihren Ämtern, sollte das Hochschulgesetz den Wiesbadener Landtag passieren. Nicht erst die Studentenrevolte also trug zur ideologischen Aufladung der Hochschulreformdebatte bei.

Vor diesem Hintergrund ist es wenig erstaunlich, dass die politischen Reformen der frühen 1960er Jahre nicht einmal ansatzweise in ihrem angestrebten Umfang umgesetzt wurden. Die Hochschulen Darmstadt und Gießen wählten lediglich Minimallösungen und enttäuschten den reformfreudigen Sozialdemokraten Ernst Schütte damit enorm; in den Universitäten Frankfurt und Marburg wurden die Neuerungen bewusst langsam in Angriff genommen. Wie einige der damaligen Ordinarien in der Rückschau zugaben, sollten unliebsame politische Reformen ausgesessen werden. Bis in die 1970er Jahre hinein gelang es den Universitäten beispielsweise nicht, Satzungen zu verabschieden, die erst die Voraussetzung für weitere Neuordnungen gewesen wären. Das hessische Hochschulgesetz von 1966 scheiterte damit insgesamt auf ganzer Linie. In Bayern, wo die umfassendste Reform den Aufbau der Universität Regensburg betraf, wurde der staatliche Reformwille dagegen reibungslos umgesetzt. Einmal mehr erwiesen sich damit die universitären Neugründungen als eigentlicher Motor der Hochschulreform in der Bundesrepublik.

In letzter Konsequenz wirkte also die traditionelle deutsche Bildungsidee den politischen Reformbestrebungen der 1960er Jahre entgegen. Institutionell hatte sie sich in den Hochschulen als Humboldtsche Universitätsidee verfestigt, die mit der Einheit von Forschung und Lehre, der Autonomie der Hochschulen und der akademischen Freiheit ein überaus wirkungsmächtiges – wenn auch nie verwirklichtes – Ideal darstellte. Als die Politik seit dem Ende der 1950er Jahre unter sich wandelnden globalen Rahmenbedingungen das Einverständnis mit der herrschenden Bildungsidee aufkündigte und ihr neue Konzepte gegenüberstellte, schuf sie lange vor der Studentenrevolte ein neues Konfliktmuster, das bestimmend für die nächsten Jahrzehnte werden sollte. Das Spannungsverhältnis zwischen global sehr einheitlichen hochschulpolitischen Reformbestrebungen auf der einen Seite und institutionell verfestigten Kulturen auf der anderen Seite kennzeichnete auch die Hochschulreformen der 1960er Jahre in anderen westlichen Ländern. Teilweise, wie in England, wurde dieses Spannungsverhältnis sogar zum bestimmenden hochschulspezifischen Konflikt des Jahrzehnts.

Damit ist es letztlich fraglich, welche Rolle der Studentenrevolte für die Hochschulreform in Westeuropa überhaupt zugestanden werden kann.

3. Hochschulreform und Hochschulrevolte in Bayern und Hessen 1968 bis 1973

Vor dem Hintergrund des wachsenden Widerstands in den Hochschulen kam der Politik die Studentenrevolte des Jahres 1968 sehr gelegen. Sowohl die Sozialdemokraten in Hessen als auch die CSU in Bayern begriffen die Unruhe an den Hochschulen als Möglichkeit, umfassendere Reformen des Hochschulwesens einleiten zu können. Endlich sei der „Weg frei für überfällige Maßnahmen, die bisher auf den fast einhelligen Widerstand konservativ eingestellter Kreise" gestoßen seien, hieß es dazu aus dem Mund Ernst Schüttes[10]. Man werde eine „moderne Lösung" in der Hochschulgesetzgebung anstreben, äußerte auch der hessische Ministerpräsident Georg August Zinn im Kreise seiner Minister, und „auf die Haltung der retardierenden Kräfte unter den Hochschullehrern [...] nicht mehr länger Rücksicht nehmen"[11]. Kultusminister Ludwig Huber (CSU) in Bayern sah das ganz ähnlich: Auch er begriff die Ordinarien, die sich ja nur „mit halben Königreichen zufrieden" gäben, als eigentliche Widersacher einer tiefgreifenden und notwendigen politischen Hochschulreform[12]. Diese Haltung ist schon insofern erstaunlich, als die bayerische Regierung die Studentenrevolte nicht nur als durchaus staatsgefährdend wahrnahm, sondern sogar ernsthaft über den Aufbau einer zentralen Einrichtung nach dem Muster der zentralen Stelle zur Aufklärung nationalsozialistischer Verbrechen in Ludwigsburg zur Strafverfolgung von Anhängern der Außerparlamentarischen Opposition nachdachte.

Damit erhöhte die Studentenrevolte zwar in letzter Konsequenz den hochschulpolitischen Druck, doch darin erschöpfte sich ihr Einfluss auch schon. Das war durchaus gewollt, denn einem radikalen Teil der Studenten ging es Ende der 1960er Jahre gar nicht um Reformen. Im Gegenteil: Wie interne Protokolle belegen, war insbesondere der SDS aus strategischen

---

[10] HHStAW, 504 2489, Ernst Schütte an den Chef der hessischen Staatskanzlei vom 22.10.1968: Zwischenbilanz für die erste Hälfte der Legislaturperiode und Aufgaben für den Rest der Legislaturperiode.
[11] HHStAW, 502 6632a, Vermerk der hessischen Staatskanzlei vom 21.5.1968 über die Sitzung des hessischen Kabinetts am 20.5.1968.
[12] ACSP, CSU-LTF, Sitzungen 1968, Kurzprotokoll über die Fraktionssitzung am 8.5.1968.

Gründen an der Ablehnung der eigenen Forderungen durch den Staat sogar nachhaltig interessiert.

Doch auch in anderer Perspektive kommt der Studentenrevolte nicht die hochschulpolitische Bedeutung zu, die ihr lange Zeit zugeschrieben wurde: Erstens war „68" ja selbst erst Produkt eines bereits in den 1960er Jahren eingeleiteten gesellschaftlichen Wandels. Zweitens bedurfte es vermittelnder Akteure, insbesondere der Gewerkschaften und gemäßigter studentischer Gruppen, die den radikalen Forderungen zunächst ihren antidemokratischen Impetus nahmen, sie konzeptualisierten, popularisierten und damit erst politisch salonfähig machten. Und drittens schließlich spielte die Mitbestimmung, die die Studenten massiv ins Feld geführt hatten, zwar eine zweifelsohne tragende, nicht jedoch die einzige Rolle in der Hochschulreform der 1970er Jahre. Hier standen noch ganz andere Themen im Zentrum, die mit der Studentenrevolte letztlich überhaupt nichts zu tun hatten. Dazu zählten etwa organisatorische Modernisierungsmaßnahmen (Präsidialverfassung, Fachbereichsgliederung, Reform des Berufungs- und Habilitationswesens), der Ausbau des tertiären Bildungssektors sowie die Diversifizierung und Regionalisierung hochschulbezogener Abschlüsse.

Viel interessanter als die Wirkung der Studentenrevolte ist hier ein ganz anderer Sachverhalt: Die Reformpläne, die am Main und an der Isar entwickelt wurden, glichen einander sehr stark; insgesamt waren die Parallelen in der Hochschulpolitik Bayerns und Hessens während der gesamten 1960er Jahre stets größer, als es die zeitgenössische Diskussion über das „rote" Hessen und das „schwarze" Bayern vermuten lässt[13].

Erst mit dem Wechsel an der Spitze der beiden Kultusministerien zu Beginn der 1970er Jahre begann sich die Hochschulpolitik Bayerns und Hessens allmählich auseinanderzuentwickeln. Mit dem Politikwissenschaftler Hans Maier und dem Soziologen Ludwig von Friedeburg besetzten zwei Männer den heißen Stuhl des bayerischen beziehungsweise hessischen Kultusministeriums, deren hochschulpolitische Positionen im Wesentlichen die Konfliktlinien nachzogen, die bisher zwischen den Universitäten und der Politik verlaufen waren. Mit dem jungen Badener Maier hielt die traditionelle Idee der Universität wieder Einzug in die Politik. So wurde in Bayern der zu Beginn der 1960er Jahre zunächst aufgekündigte Konsens zwischen Hochschulen und Staat über die Aufgaben der Universität in der Gesell-

---

[13] Vgl. Anne Rohstock, „Rotes" Hessen – „Schwarzes" Bayern? Hochschulreformen der „langen 1960er Jahre" im Ländervergleich, in: Westfälische Forschungen 60 (2010), S. 397–419.

schaft wieder hergestellt. Allen Hochschulreformkonzepten mit weitreichenden gesellschaftspolitischen oder bildungsökonomischen Zielsetzungen, die so typisch für die 1960er Jahre gewesen waren, erteilte Maier in der Folge eine Absage. So wurden etwa unter seiner Ägide bis zum Ende der 1970er Jahre alle bestehenden Gesamthochschulen des Freistaats wieder in Universitäten umgewandelt. Auch den hochfliegenden Planungsbemühungen der Sozialdemokraten in Bund und Ländern versetzte Maier einen empfindlichen Dämpfer: So sprach er sich dafür aus, etwa die Arbeit der Bund-Länder-Kommission für Bildungsplanung entscheidend zu „bremsen"[14], und ließ auch sonst nichts unversucht, um die „Mär vom großen Plan" zu entzaubern[15]. Das Scheitern der sozialdemokratischen Planungsbemühungen ist damit wohl letztlich auch auf die Obstruktionshaltung des politischen Gegners zurückzuführen.

Im Gegensatz zu Bayern gelangte in Hessen mit Ludwig von Friedeburg ein Mann auf den Sessel des Kultusministers, der in gewisser Weise exemplarisch für die bewusste politische Abkehr vom vermeintlich überkommenen deutschen Bildungsverständnis und dessen Neuausrichtung in den 1960er Jahren stand. Als Vertreter eben jener aufsteigenden Sozialwissenschaften, die für den bildungspolitischen Paradigmenwechsel eine tragende Rolle gespielt hatten, gestaltete er in den 1970er Jahren selbst Politik. Unterstützung erhielt er dabei von einer ganzen Riege akademisch in den Sozialwissenschaften sozialisierter Sozialdemokraten, die in den 1960er Jahren nach und nach Schlüsselpositionen in parteipolitischen Gremien der hessischen SPD besetzt hatten.

Die Hochschulreformgesetze, die 1970 in Hessen und 1973 in Bayern verabschiedet wurden, differierten daher auch in mehreren Punkten: Das hessische Hochschulreformpaket sah weitreichende Neuerungen im Hochschulwesen des Landes vor: So hatte das Hochschulgesetz mit der Gründung eines Landeshochschulverbands (LHV) zum Ziel, Planung als zentrales Politikprinzip auf allen hochschulpolitisch relevanten Ebenen (Bund, Land, Hochschule) zu implementieren. Damit wäre die traditionelle akademische Selbstverwaltung letztlich abgeschafft worden. Unter dem Dach des LHV sollte zudem künftig ein flächendeckendes Gesamthochschulsystem aus Universitäten, Kunsthochschulen und Fachhochschulen entstehen.

---

[14] BayHStA, StK, Ministerratsprotokolle 79, Bd. 64, Niederschriften über die Sitzungen des Ministerrats am 9. 2. und 9. 3. 1971.
[15] Hans Maier, Die wundersame Mär vom großen Plan, in: Hellmut Becker u. a. (Hrsg.), Die Bildungsreform – eine Bilanz, Stuttgart 1976, S. 43–52.

Das hessische Universitätsgesetz reduzierte die bislang vier Selbstverwaltungsebenen der Hochschulen auf zwei. Auf der ersten Ebene schuf der Gesetzgeber neue Organe und setzte sie fachspezifisch zusammen, auf der zweiten Ebene zentralisierte er Entscheidungskompetenzen bei einem hauptamtlichen Präsidenten. Zudem beteiligte das Universitätsgesetz Professoren, Assistenten, Studenten und nichtwissenschaftliche Mitarbeiter an der universitären Willensbildung und löste die alten Fakultäten in Abteilungen auf. Schließlich setzten die Sozialdemokraten in Hessen eine umfassende Personalstrukturreform ins Werk.

Das bayerische Hochschulgesetz hingegen, das erst 1973 den Landtag passierte, ging in der Umgestaltung der Universitäten viel weniger weit. Zwar sollten auch im Freistaat Gesamt- und Fachhochschulen entstehen, die Fakultäten aufgelöst und die Präsidialverfassung eingeführt werden; neue Mitbestimmungsregelungen und eine Personalstrukturreform flankierten die Reform. Insgesamt ließ das bayerische Reformwerk den Hochschulen aber viel größeren Spielraumraum für eigene Entscheidungen, traf in der Personalstruktur eine rechtliche Unterscheidung zwischen neuen Assistenzprofessoren und alten Ordinarien und erhob die Mehrheit der Hochschullehrer in den Kollegialorganen der akademischen Selbstverwaltung zum Prinzip.

4. Der lange Atem der deutschen Bildungstradition: Zur Reformverweigerung in den westdeutschen Hochschulen

Lange Zeit haben die von der Politik initiierten, markanten universitären Strukturveränderungen darüber hinweggetäuscht, dass in den Hochschulen tatsächlich erstaunlich viel beim Alten blieb. Deutlich wird das vor allem am hessischen Beispiel, wo der Gesetzgeber mit dem Reformpaket von 1970 umfassende Impulse zur Reform der Universitäten gegeben hatte. Zwar kam es bei deren Umsetzung tatsächlich zu weithin sichtbaren Veränderungen in der Organisationsstruktur der Universitäten: So lösten sich – ähnlich wie in Bayern – die alten Fakultäten in Fachbereiche auf, übernahmen hauptamtliche Präsidenten die Leitung der Hochschule und bildeten sich neue Gremien in der akademischen Selbstverwaltung. Zudem wurde mit den hessischen Dozenten eine Gruppe nicht-habilitierter Hochschullehrer an den Universitäten etabliert, die formal ähnliche Rechte wie die klassischen Ordinarien hatten. Trotzdem blieb ein großer Teil der politisch gewollten Reformen auf der Strecke. Einige besonders markante Beispiele mögen hier genügen:

Erstens war insbesondere die äußerst umstrittene hessische Personalstrukturreform weniger weitreichend, als das die erhitzten Debatten der 1970er Jahre zunächst suggerierten. Die Überleitung der abwertend als „Discount-Professoren" bezeichneten Nicht-Habilitierten in den Dozentenstatus jedenfalls wurde nicht in vollem Umfang durchgeführt oder zeitigte nicht die Folgen, die man ihr unterstellte. Viele Stellen blieben schlicht unbesetzt, weil sich Berufungen verzögerten oder finanzielle Mittel fehlten. Die Zahl der hessischen „Mittelbauern", wie man die Dozenten auch bald nannte, dürfte deswegen erheblich niedriger liegen, als die offiziellen Statistiken ausweisen. Zudem mussten selbst explizit konservative Hochschulmitglieder zugeben, dass die hessische Landesregierung „objektive" Prüfungsverfahren bei der Besetzung der Stellen anlegte und in zahlreichen Fällen „Marxisten" den Weg in die Hochschulen verweigerte. Darüber hinaus wurde mit den Dozenten zwar eine besoldungsrechtlich neu definierte Gruppe von Hochschullehrern geschaffen. Im Wesentlichen änderte sich dadurch aber ihr inneruniversitärer Status nicht, denn sie übernahmen nach übereinstimmender Auskunft vieler Hochschullehrer dieselben Arbeiten, die sie bereits zuvor als Assistenten erledigt hatten. Tatsächlich konnten diese nach Meinung vieler Ordinarien lediglich „Forschungsmüll" produzierenden „Dünnbrettbohrer" also mit wenig Akzeptanz in den Universitäten rechnen.[16] Nicht ausgeschlossen ist schließlich, dass es einigen um den Verlust ihres Status' fürchtenden Hochschullehrern sogar gelang, die Habilitation über rechtliche Hintertürchen erneut als den einzigen Weg akademischen Aufstiegs in den Universitäten zu etablieren.

Zweitens war die Auflösung der hessischen Institute in sogenannte Betriebseinheiten weniger wahllos und umfangreich, als man das zunächst annehmen könnte. Viele Institute blieben erhalten, weil sich die Fachbereichskonferenzen gegen ihre Abschaffung aussprachen und das hessische Universitätsgesetz in diesem Punkt durchaus Raum für Interpretationen ließ. Zum Teil bildeten sich sogar regelrechte Parallelgremien, in denen die Hochschullehrer unter sich diskutierten und damit ein Stückchen Ordinarienuniversität in die vermeintlich durch und durch „demokratisierte" Gruppenuniversität retteten. Die neuen Fachbereiche schließlich bildeten

---

[16] Zitate nach: HHStAW, 504 3058, persönliches Schreiben eines Professors der vergleichenden Verhaltenspsychologie der Universität Frankfurt an den hessischen Kultusminister vom 11.1.1973; Der Spiegel vom 3.5.1982, S. 199; Bilanz einer Reform. Denkschrift zum 450jährigen Bestehen der Philipps-Universität zu Marburg, hrsg. vom Hochschulverband in Zusammenarbeit mit Hans-Bernd Harder und Ekkehard Kaufmann, Bonn-Bad Godesberg 1977, S. 395.

zum Teil nur die alten Fakultäten nach und brachten dadurch ebenfalls lediglich äußerliche Veränderungen.

Bereits diese Beispiele zeigen, dass die Hochschulen offenbar ihre ganz eigene, historisch gewachsene „Grammatik" besaßen, die sich als politisch schwer veränderbar erwies[17]. Bestimmungen des Gesetzgebers wurden entweder ganz bewusst unterlaufen oder aber erwiesen sich im Hochschulalltag als nicht praktikabel. In noch stärkerem Maße gilt das für die von der Politik initiierte Studienreform. Sie wurde von den Universitäten in den 1970er Jahren allenfalls partiell, zumeist jedoch gar nicht in Angriff genommen. Bis zum Ende der 1970er Jahre lagen in einigen Studiengängen noch keine Studienpläne vor, die im Prinzip mit wenig Aufwand zu erstellen gewesen wären. Bedenkt man die Weigerung der Universitäten zu Beginn der 1960er Jahre, die Verantwortung für die Ausbildung der Studierenden durch eben jene Aufstellung von Studienplänen zu übernehmen, ist dieses Versäumnis wohl nicht allein den „chaotischen" Zuständen an den Universitäten nach 1968 zuzuschreiben, den die Hochschulen zumeist zur Rechtfertigung des „Reformstaus" gegenüber dem Kultusministerium anführten.

Letztlich erwiesen sich aber nicht nur die historisch gewachsenen Strukturen der Hochschulen und ihre innerunversitäre Kultur als von außen schwer veränderbar. Zahlreiche Hochschullehrer trugen selbst aktiv dazu bei, dass viele Neuerungen nur kurze Zeit Bestand hatten. Die neuen hessischen Mitbestimmungsregelungen etwa mussten nach dem Urteil des Bundesverfassungsgerichts zum niedersächsischen Vorschaltgesetz von 1973 bereits 1974 und erneut 1978 revidiert werden. Gleiches gilt für den hessischen Landeshochschulverband, der aufgrund des Urteils der Karlsruher Richter nie seine Arbeit aufnahm. Das hessische Beispiel ist kein Einzelfall: Auch in Nordrhein-Westfalen und Bremen, ja selbst in Bayern, kam es im Fahrwasser einer immer mehr an Boden gewinnenden „Konterreform" zur Rücknahme bereits eingeleiteter Maßnahmen. Letztlich fanden damit die seit den 1960er Jahren weltweit zu beobachtenden Regulierungsabsichten der Politik auf der lokalen Ebene der Bildungsinstitutionen keine Entsprechung. Die westdeutsche Hochschulreform jedenfalls, wie sie insbesondere von den sozialdemokratisch und sozialliberal regierten Ländern angestrebt worden war, wurde nie in ihrem vollen Umfang verwirklicht.

---

[17] Zur These des „grammar of schooling", die die amerikanische Bildungsforschung für den Bereich der Grundschule entwickelt hat, vgl. David Tyack/Larry Cuban, Tinkering Towards Utopia. A Century of Public School Reform, Cambridge 1995.

5. Lokale Persistenz statt globale Harmonisierung – Kontinuität statt Wandel. Ein kurzes, einordnendes Fazit

In letzter Konsequenz widersprechen die hier vorgestellten Ergebnisse sowohl neueren Thesen der historischen Bildungsforschung als auch jüngsten Ergebnissen der Zeitgeschichtsforschung. So gehen insbesondere zahlreiche Vertreter der jüngeren, vom Neoinstitutionalismus inspirierten historischen Bildungsforschung davon aus, dass es seit dem Ende des Zweiten Weltkriegs zu einer globalen Harmonisierung der Bildungssysteme gekommen sei, die eine Art vereinheitlichter „Weltkultur" habe entstehen lassen[18]. Leider wird dabei selten überprüft, ob diese Konvergenzen auf politischer Ebene auch tatsächlich bis auf die lokale Ebene der Institutionen diffundierten. Die angenommenen Harmonisierungen, das zeigen die vorangegangenen Ausführungen, sind im westdeutschen Fall ein lediglich politisches Phänomen, sie finden auf der Ebene der einzelnen Bildungsinstitutionen jedoch keine Entsprechung. Im Gegenteil: Hier halten sich relativ unbeschadet von politischen Reformversuchen historisch gewachsene, kulturelle Eigenheiten, die in ihrer institutionalisierten Version eine ganz eigene Grammatik aufweisen und politisch schwer veränderbar sind.

Die dahinter stehende These von der Persistenz der traditionellen deutschen Bildungsidee widerspricht gleichzeitig jüngsten Ergebnissen der Zeitgeschichtsforschung. Neuere Arbeiten kennzeichnen die 1960er Jahre häufig mit Schlagworten wie „Demokratisierung", „Modernisierung" und „Liberalisierung" und weisen damit auf die Bedeutung der Dekade als Periode der „Diversifizierung, Enttraditionalisierung und Individualisierung" hin[19]. Damit verlieren sie jedoch die in vielen gesellschaftlichen Teilbereichen der Bundesrepublik wirkungsmächtigen Kontinuitätslinien weitestgehend aus den Augen. Wie das Beispiel der Hochschulreform zeigt, darf der Widerstand, der sich in den 1960er und 1970er Jahren gegen politische Neuordnungsbemühungen formierte, in seiner Wirkungsmacht nicht unterschätzt werden. Mit Blick auf den Hochschulbereich ist es jedenfalls fraglich, ob die 1960er Jahre tatsächlich eine solche Sonderstellung in der Geschichte der Bundesrepublik einnehmen, wie sie ihnen von der Zeitgeschichte häufig eingeräumt wird.

---

[18] John W. Meyer/Francisco Ramirez, The World Institutionalization of Education, in: Jürgen Schriewer (Hrsg.), Discourse Formation in Comparative Education, Frankfurt a. M. 2000, S. 111–132.

[19] Detlef Siegfried, Weite Räume, schneller Wandel. Neuere Literatur zur Sozial- und Kulturgeschichte der langen 60er Jahre in Westdeutschland, in: H-Soz-u-Kult, 12.2. 2002; http://hsozkult.geschichte.hu-berlin.de/rezensionen/id=2327.

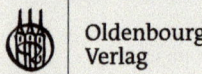 Ein Wissenschaftsverlag der
Oldenbourg Gruppe

Berlusconi an der Macht

*Die Politik der italienischen Mitte-Rechts-
Regierungen in vergleichender Perspektive*

Herausgegeben von Gian Enrico Rusconi,
Thomas Schlemmer und Hans Woller

2010 | 164 S. | Br. | € 16,80
ISBN 978-3-486-59783-7

**Zeitgeschichte im Gespräch, Band 10
Eine Publikation des Instituts für Zeitgeschichte**

Wer heute von Italien spricht, spricht fast immer von Silvio Berlusconi und hat dabei die ungezählten Skandale vor Augen, in die der Medienmogul im Amt des Regierungschefs verstrickt ist. Die konkrete Arbeit von Berlusconis Mitte-Rechts-Koalition, die 1994/95 sowie von 2001 bis 2006 regierte und seit 2008 erneut den Ton in Rom angibt, geriet angesichts der Affären des Ministerpräsidenten fast zur Nebensache. Die Autoren des vorliegenden Sammelbands – Experten aus Deutschland, Italien und der Schweiz – blicken dagegen hinter die Kulissen und fragen nach Kontinuitäten und Zäsuren in der Außen- und Europapolitik, der Arbeitsmarkt- und Sozialpolitik sowie der Innen- und Rechtspolitik. Sie ordnen die Entwicklung Italiens in den letzten zwanzig Jahren in den europäischen Kontext ein und zeigen, wo das Land heute steht.

Beiträge von: A. Osti Guerrazzi, G. Hoppe, H. Klüver, A. Mattioli,
A. Di Michele, P. Pombeni, G. E. Rusconi, C. Saraceno, Th. Schlemmer,
U. Trivellato, H. Woller

Bestellen Sie in Ihrer Fachbuchhandlung
oder direkt bei uns: Tel: 089/45051-248
Fax: 089/45051-333 | verkauf@oldenbourg.de

www.oldenbourg-verlag.de

Manfred Kittel

Das Frankfurter Modell kommunaler Kulturpolitik

Anspruch und Wirklichkeit einer „Demokratisierung" der Gesellschaft

1. Strategien der „Demokratisierung"

Eines der zentralen Postulate der „68er"-Bewegung war die „Demokratisierung" der Gesellschaft. Während für die auf Bundesebene seit 1949 regierenden Unionsparteien CDU und CSU – jedenfalls nach der Interpretation ihrer politischen Gegner – die Demokratie bloß „eine Organisationsform des Staates" bedeutete, sahen viele „68er" in der Demokratie „ein Prinzip, das alles gesellschaftliche Sein des Menschen beeinflussen und durchdringen muß"[1]. Die Auseinandersetzung um die gesellschaftliche „Demokratisierung" hatte sich aber bereits Anfang der 1960er Jahre am wachsenden Unbehagen über, wie es hieß, „restaurative" Verkrustungen im „CDU-Staat" der späten Adenauer-Ära entzündet. Während der Großen Koalition, an der seit 1966 auch die bis dahin in Bonn stets oppositionelle SPD beteiligt war, wurde diese Kritik vor allem in intellektuellen Kreisen immer heftiger. Geistig mit vorbereitet von (neo-)marxistischen Theoretikern wie Wolfgang Abendroth und Theodor W. Adorno, vorangetrieben von der sogenannten SPD-Linken, zielte das „Demokratisierungskonzept" darauf ab, den für die deutsche Tradition seit dem 19. Jahrhundert grundlegenden Unterschied zwischen Staat und Gesellschaft so weit wie möglich aufzuheben, ja den Staat und seine Mittel zum Instrument eines „demokratischen" Umbaus der Gesellschaft zu machen.

Nach der Definition des gewerkschaftsnahen Soziologen Fritz Vilmar in seinen „Strategien der Demokratisierung" umfasst dieser Prozess sämtliche Aktivitäten, deren Ziel es sei, autoritäre Herrschaftsstrukturen zu ersetzen durch Formen der Herrschaftskontrolle von „unten", der gesellschaftlichen Mitbestimmung, Kooperation und – wo immer möglich – durch freie Selbstbestimmung[2]. Die Felder, auf denen „Demokratisierung" vordringlich ver-

---

[1] Zit. nach Thomas Ellwein, Krisen und Reformen. Die Bundesrepublik seit den sechziger Jahren, München 1989, S. 86.
[2] So einleitend Fritz Vilmar, Strategien der Demokratisierung, Bd. 1: Theorie der Praxis; Darmstadt/Neuwied 1973, S. 21; das folgende Zitat findet sich ebenda.

wirklicht werden sollte, waren Parteien und Gewerkschaften, Wirtschaftsbetriebe und Massenmedien, Streitkräfte und Zivildienst, Familie und Kirche, Kindergärten und Krankenhäuser, Schule, Hochschule und andere Kultureinrichtungen. „Demokratisierung", als „Herstellung von Gleichheit und Freiheit in allen gesellschaftlichen Lebensbereichen", und Sozialismus seien „ein und dasselbe", konstatierte Vilmar und behauptete, die Revolution habe bereits begonnen: „als ihr Wolf im Schafspelz: Die Demokratisierung".

Vilmars Strategien stießen wohl nicht zuletzt deshalb auf große Resonanz, weil man sie als Handlungsanweisung zu dem von Rudi Dutschke propagierten „Marsch durch die Institutionen" lesen konnte. Schon im Frühjahr 1969 waren Mitglieder der an fast allen Universitäten entstandenen Basisgruppen, in deren Köpfen sich der „Impuls einer radikalen Demokratisierung [...] festgesetzt" hatte, in „Betriebe, Erziehungsheime, Kindergärten, Schulen, Krankenhäuser, städtische Randbezirke und ländliche Regionen" ausgeschwärmt, um das „Ferment einer politischen Gegenkultur" zu bilden[3].

Zu den schärfsten konservativen Widersachern des seines Erachtens auf die Blauäugigkeit der Schafe setzenden „Demokratisierungspostulats" zählte der hessische CDU-Vorsitzende Alfred Dregger. Der Politiker sah die Gefahr, dass „Demokratisierung" in letzter Konsequenz nichts anderes bewirke „als die Abschaffung der freiheitlich-rechtsstaatlichen Demokratie". Tatsächlich war schon die kommunistische Gleichschaltung der ostmitteleuropäischen Staaten nach 1945 unter dem Tarnbegriff „Demokratisierung" gelaufen und hatte sich etwa die Walter-Ulbricht-Akademie in der DDR Mitte der 1960er Jahre „eingehend mit einem Programm zur ‚Demokratisierung' der Bundesrepublik" befasst[4].

Zum Erfahrungshintergrund der Dreggerschen Analyse zählte aber auch die Rezeption der in seinen programmatischen Kapiteln von dem Westberliner Politologen Johannes Agnoli verfassten Schrift über „Die Transformation der Demokratie" durch die „68er"-Bewegung[5]. Nach der Lehre dieser „Bibel der außerparlamentarischen Opposition"[6] hatte das autoritär pervertierte Parlament der Bundesrepublik als „antidemokratisch" zu gelten; echte Demokratie war nur auf dem Wege des Klassenkampfes zu verwirklichen. Dregger sah sich infolgedessen zu der Warnung veranlasst, die linken Verfechter des Demokratisierungsbegriffs im eigenen Staat wollten die Gesellschaft mit

---

[3] Wolfgang Kraushaar, Achtundsechzig. Eine Bilanz, Berlin 2008, S. 147.
[4] Alfred Dregger, Systemveränderung. Brauchen wir eine andere Republik?, Stuttgart 1972, S. 22f.
[5] Johannes Agnoli/Peter Brückner, Die Transformation der Demokratie, Berlin 1967.
[6] Kraushaar, Achtundsechzig, S. 143; das folgende Zitat findet sich ebenda, S. 23f.

der Universalisierung des Mehrheitsprinzips politisieren und „Einzelne und Gruppen einem Kollektiv" unterordnen: „Verlust der Initiative, Vernachlässigung der Sachaufgaben wegen Fehlens der Fachkompetenz", ja der Verlust verfassungsmäßig garantierter Grundrechte sei die Konsequenz. Die linke Behauptung, „Demokratie werde durch den Sozialismus erfüllt", erhebe einen „die Demokratie zerstörenden [...] Totalitätsanspruch".

Zwischen den höchst gegensätzlichen Deutungen Dreggers und Vilmars soll im folgenden den Ambivalenzen der schillernden Formel „Demokratisierung" nachgespürt und an kommunalen Fallbeispielen gefragt werden, wie sich dieses zentrale Postulat der „68er"-Zeit in der gesellschaftlichen Praxis der folgenden Jahre umsetzen beziehungsweise weshalb es sich nicht umsetzen ließ. Das Exempel der Stadt Frankfurt am Main und ihrer Kulturpolitik bietet sich zur Beantwortung dieser Fragen besonders an.

Frankfurt war zusammen mit Berlin eines der Epizentren der „68er"-Revolte in der Bundesrepublik gewesen. Die Stadt mit ihren bedeutenden radikaldemokratischen Traditionen galt als Hort von Sozialdemokratie, Gewerkschaftsbewegung und Linkskatholizismus. Linke Gesellschaftskritik wurde seit 1949/50 auch wieder an dem 1933 zur Emigration gezwungenen Institut für Sozialforschung („Frankfurter Schule") betrieben. Der Bundesvorstand des Sozialistischen Deutschen Studentenbunds (SDS), des harten (neo-)marxistischen Kerns der Bewegung, hatte seinen Sitz in Frankfurt; selbst die RAF machte in ihrer Anfangsphase wegen der beträchtlichen Zahl der Sympathisanten – und mithin „nicht zufällig" – Frankfurt „zu einer ihrer Hauptbasen"[7]. Gleichzeitig aber war „Mainhattan" der Inbegriff des bundesdeutschen „Wirtschaftswunders". Wie kaum eine andere Stadt hatte Frankfurt von der deutschen Teilung profitiert und war zum Finanzzentrum der neuen Bundesrepublik geworden. Wegen dieser heterogenen bis widersprüchlichen Strukturen und auch wegen der bereits damals hohen Zahl von Immigranten galt Frankfurt als großes Laboratorium gesellschaftlichen und (multi-)kulturellen Wandels im Spannungsfeld von Neomarxismus und voll entfaltetem Kapitalismus, von Frankfurter Banken und „Frankfurter Schule".

Zu den bundesweit mit am stärksten beachteten Spezifika der lokalen Entwicklung nach 1968 gehörte aber vor allem auch das „Frankfurter Modell" kommunaler Kulturpolitik in den Jahren nach 1970, als Hilmar Hoffmann, bis dahin Kulturdezernent in Oberhausen, gegen eine Konkur-

---

[7] Gerd Koenen, Das rote Jahrzehnt. Unsere kleine deutsche Kulturrevolution 1967–1977, Köln 2001, S. 333.

rentin vom „rechten" SPD-Flügel zum Frankfurter Kulturdezernenten gewählt wurde. Das von der „68er"-Bewegung gegen vermeintlich „faschistische" oder zumindest autoritäre Gesellschaftsstrukturen verfochtene Konzept der „Demokratisierung" erhob Hoffmann zur Maxime seiner Politik („Kultur für alle") und suchte es auch mit Hilfe zahlreicher „68er" in den städtischen Einrichtungen so weit wie möglich zu realisieren. Bundesweit im Zentrum der Aufmerksamkeit standen dabei wegen ihres besonders offensichtlichen Charakters als Epiphänomene der „68er"-Bewegung vor allem die Vorgänge in zwei traditionellen Frankfurter Kulturinstitutionen: den Städtischen Bühnen und dem Historischen Museum.

2. Erstes Beispiel: Die Städtischen Bühnen in Frankfurt am Main

Am Theater war ausgerechnet 1968 die Intendantenära des gesellschaftskritischen Sozialdemokraten Harry Buckwitz zu Ende gegangen. Mit Ulrich Erfurth hatte ein Nachfolger die stets bewegte Theaterszene der Main-Metropole betreten, der im Ruf stand, eher traditionalistisch zu arbeiten. Dieser Wechsel fiel in eine Zeit, in der die Institution Theater sich schon längere Zeit in einer Krise befand. Die seit Anfang der 1960er Jahre massiv wachsende Konkurrenz des bequemen Massenmediums Fernsehen und das Schrumpfen eines kulturbeflissenen Bildungsbürgertums hatten die Besucherzahlen vor allem am Sprechtheater bundesweit deutlich zurückgehen lassen. Zudem waren in Zeiten kommunaler Finanznöte auch noch die Gelder an den städtischen Bühnen knapper geworden. Inhaltlich befand sich ebenfalls seit längerem vieles im Fluss. Das bis dahin noch weithin dominierende klassische Literaturtheater wurde vom Regietheater zurückgedrängt, die Hochzeit des absurden Theaters ging zu Ende, und das politische Theater begann seit Anfang der 1960er Jahre seinen unaufhaltsam scheinenden Siegeszug.

Doch weder die bereits veränderten Inszenierungsformen noch die neuen Politisierungstendenzen wurden von der „68er"-Bewegung in kunsttheoretischer Perspektive breiter diskutiert, sondern vielmehr der „autoritäre Geist des deutschen Theaters", wie ein programmatischer Aufsatz zweier junger Dortmunder Schauspieler im April 1968 überschrieben war[8].

Die beiden Jungregisseure Peter Stein und der zum inneren Zirkel des SDS gehörende Wolfgang Schwiedrzik, die im Sommer 1968 an den Münch-

---

[8] Theater heute, April 1968, S. 2

ner Kammerspielen wegen einer Waffenspende zugunsten des Vietcong (im Rahmen einer Aufführung des „Viet Nam Diskurs") mit dem Generalintendanten August Everding hart zusammengestoßen waren, riefen ebenfalls zur Abschaffung der „feudalen Alleinherrschaft des Intendanten" auf. Sie forderten stattdessen kollektive Führung, Beteiligung aller Mitglieder des Ensembles an der Spielplanung sowie Offenlegung aller künstlerischen und ökonomischen Entscheidungen[9].

In dieser bundesweit spannungsgeladenen Atmosphäre grollte im Oktober 1969 der „Frankfurter Theaterdonner". Der im Vorjahr an die Spitze der Städtischen Bühnen getretene Erfurth hatte vergeblich gegen ein von vornherein skeptisches lokales Feuilleton mit seiner Sehnsucht nach aufregenderem Weltstadttheater angespielt. Erfurths Oberspielleiter und sein Chefdramaturg versuchten daraufhin in einer Art Palastrevolution, ihren lädierten Ruf zu retten, indem sie die auch von ihnen mitzuverantwortenden Schwierigkeiten des örtlichen Schauspiels unzeitgemäßen Führungsstrukturen anlasteten. Statt Erfurth sollte künftig einem Dreierdirektorium die Entscheidungsbefugnis in allen künstlerischen, organisatorischen und damit zusammenhängenden finanziellen Belangen obliegen. Die ebenfalls in diese Richtung drängenden Kräfte vom linken Flügel der Frankfurter SPD konnten sich aber kommunalpolitisch noch nicht durchsetzen, solange der „rechte" Sozialdemokrat Willi Brundert Oberbürgermeister und der Freie Demokrat Karl vom Rath Kulturdezernent war.

Erst kurz nach der Wahl des zum altlinken SPD-Flügel zählenden Walter Möller zum Rathauschef im Juli 1970 beschloss der Magistrat eine „Vereinbarung über die erweiterte Mitbestimmung im künstlerischen Bereich der Städtischen Bühnen". Der partiellen Entmachtung des ungeliebten Generalintendanten diente ein „künstlerischer Beirat", der künftig bei der Gestaltung des Spielplanes, der Ensemblebildung und der Intendantenwahl „mitwirken" konnte. Trotz durchaus gemischter Anfangserfahrungen mit diesem Gremium begann der neue Kulturdezernent Hoffmann unmittelbar nach seiner Wahl Ende 1970 die Weichen für ein noch viel weitergehendes Mitbestimmungsmodell zu stellen und Erfurth endgültig auszurangieren. Der Kulturdezernent begründete dies programmatisch damit, dass in einer Gesellschaft, die insgesamt nach offeneren demokratischen Strukturen strebe, „um die Emanzipation aller Bürger zu verwirklichen", das Theater sich einer solchen Entwicklung nicht verschließen dürfe[10]. Das erwähnte Dreierdirek-

---

[9] Vgl. Theater heute, September 1968, S. 3.
[10] IfSG, SB 126, Bl. 157f., „Diskussionsgrundlage für ein erweitertes Mitbestimmungs-Modell an den Städtischen Bühnen Frankfurt am Main", o. D.

torium bestand aus zwei vom Magistrat berufenen Direktoren – jeweils einem Regisseur (oder Dramaturgen) und einem Bühnenbildner – sowie einem dritten, von der Basis („Vollversammlung") direkt gewählten Direktor; ein Künstlerischer Beirat sollte dem Direktorium zur Seite stehen.

Zum faktisch ersten Direktor wurde der aus Stuttgart geholte, als progressiv geltende Brecht-Schüler Peter Palitzsch berufen, der nach dem Mauerbau 1961 aus der DDR emigriert war. Sein Credo, die Theaterschaffenden müssten in der Gesellschaft einen demokratischen Prozess aufrechterhalten und alles bekämpfen, was zur „Entdemokratisierung" führe, imponierte dem Kulturdezernenten ebenso wie Palitzschs Glaube, Theater könne die Welt verändern. Außer dem unbestrittenen primus inter pares mit seiner spezifischen DDR-Sozialisation waren die meisten noch sehr jungen Hauptdarsteller des Mitbestimmungsmodells, ob Schauspieler, Dramaturgen oder Bühnenbildner, mehr oder weniger stark von der bundesdeutschen Protestbewegung der 1968er Jahre geprägt. Sie standen politisch voll hinter dem Mitbestimmungsmodell oder erwarteten davon gar „Prozesse gemeinsamer Bewußtseinserweiterung"[11]. Hinzu kam eine teils durch persönliche Verbindungen vertiefte Grundsympathie für die „Spontis" und den im Frankfurter Westend stattfindenden Häuserkampf, zumindest aber für den „fortschrittlichen" Flügel der Sozialdemokratie und den ebenfalls „progressiv" orientierten Kulturdezernenten. Andersdenkende Schauspieler aus dem alten Erfurth-Ensemble waren gleich zu Beginn der Ära Palitzsch in einem manchen Beobachter an französische Revolutionstribunale erinnernden Verfahren „entsorgt", ihre Verträge gekündigt worden.

Doch es zeigte sich rasch, dass der prinzipielle politische Gleichklang des neuen Personalkörpers nicht zwangsläufig auch künstlerische und menschliche Harmonie in einem mitbestimmten Theater garantierte. Die zentralen Konfliktlinien verliefen zum einen zwischen Palitzsch und dem nach ihm wichtigsten Regisseur, Hans Neuenfels, zum anderen zwischen der Regisseurs-/Direktoriumsebene und der vor allem von den Schauspielern dominierten Basis, wobei der sogenannte Basisdirektor wie ein Weltkind in der Mitten stand. Zwischen Palitzsch und Neuenfels stimmte zwar die Chemie, ihre Auffassungen darüber aber, wie stark das Schauspiel Frankfurt auch gesellschaftspolitisch wirken könne und solle, gingen weit auseinander. Denn Neuenfels war vor allem an ästhetischen Fragen interessiert. Da die Regisseure auch an einem mitbestimmten Theater natürliche Autoritäts- und

---

[11] IfSG, SB 232, „Erklärung" des Künstlerischen Beiratsmitglieds Ernst Jacobi vom 2.9.1972.

Bezugspersonen für die Schauspieler blieben, übertrug sich der Palitzsch-Neuenfels-Konflikt auf das Ensemble und führte zur Lagerbildung[12].

Die daraus resultierende Spannung erhöhte sich noch massiv, als die hochfliegenden partizipatorischen Erwartungen der Mitbestimmungsidealisten rasch mit der grauen Realität kollidierten und die Regisseure in der Praxis wie eh und je das entscheidende Wort in Fragen des Spielplans oder der Personalpolitik behielten. Als Vehikel diente dazu die im Theatermodell gar nicht vorgesehene, den Künstlerischen Beirat immer wieder überspielende „Produktionssitzung", an der neben dem Direktorium die für den Betriebsablauf wichtigsten Personen teilnahmen. Um gegen die dort versammelten Sachzwänge die Vorstellungen der Basis durchzusetzen, war der ebenfalls an der Produktionssitzung beteiligte dritte Direktor aber des öfteren zu schwach. So sahen es jedenfalls viele einfache Mitglieder des Ensembles, während die Direktoren/Regisseure ihrerseits mit den erreichten Lösungen oft unzufrieden waren. Denn weil die Direktoren (und vor allem die Regisseure innerhalb des Dreierdirektoriums) im Hinblick auf ihre eigene künstlerische Arbeit vom Ensemble geliebt werden wollten, suchten sie prinzipiell mehr den Konsens mit dem Künstlerischen Beirat als die Konfrontation. Mit Kompromissen jedoch war „eine entschiedene Arbeit" nur selten zu erreichen[13].

Während sich so auf allen beteiligten Seiten schnell ein hohes Maß an Unzufriedenheit aufbaute, gerieten die Vollversammlungen zur großen Bühne eines menschlich oft verletzenden Konfliktaustrags. Über vieles, was am traditionellen Theater einfach vom Intendanten entschieden wird (wer spielt die Hauptrolle, wessen Vertrag wird nicht verlängert et cetera), kam es an den Städtischen Bühnen zu zermürbenden und tief in die Persönlichkeitsrechte eingreifenden öffentlichen Debatten. In den rezidivierenden Gremiensitzungen redeten immer dieselben, und nicht immer waren es jene, die auch als die besten Schauspieler galten. Der Zeitverlust durch die Mitbestimmungsarbeit war so enorm, dass dies mit dem vom städtischen

---

[12] Vgl. das Urteil von Dorothea Kraus, Theater-Proteste. Zur Politisierung von Straße und Bühne in den 1960er Jahren, Frankfurt a. M. 2007, S. 354, wonach die neue Pluralität kultureller Formen in den 1970er Jahren „kein verbindendes politisches Selbstverständnis" begründet habe, weshalb auch keine „Kultur für alle" habe entstehen können, die in der Lage gewesen sei, landläufige Vorurteile gegen Nichtetabliertes aufzuheben.
[13] So Karlheinz Braun, zit. nach: Gert Loschütz in Zusammenarbeit mit Horst Laube (Hrsg.), War da was? Theaterarbeit und Mitbestimmung am Schauspiel Frankfurt 1972–1980, Frankfurt a. M. 1980, S. 304; die folgenden Zitate finden sich ebenda, S. 287 und S. 291.

Geldgeber ja nicht reduzierten Produktionsrhythmus ebenso wenig vereinbar war wie mit einem normalen Familienleben. Wer nicht bereit oder in der Lage schien, seine Privatangelegenheiten im Sinne des Mitbestimmungsmodells politisch werden zu lassen, geriet leicht ins Abseits. Überdies machten sich die meisten Schauspieler nicht die Mühe, einen umfänglichen Lektürekanon durchzuarbeiten, um über die Spielplangestaltung wirklich fundiert mitreden zu können.

Noch an keinem Theater, so formulierten es enttäuschte Mitglieder des Ensembles schließlich, hätten sie „so viele Rivalitäts- und Selbstbehauptungskämpfe erlebt wie gerade an diesem". Je mehr Leute an Entscheidungsprozessen beteiligt waren, desto „mehr Spielraum" gab es offensichtlich auch „für Intrigen". Zudem fehlte ein klar zu fixierender „Chef" vor allem auch als Sündenbock, auf den man im Zweifelsfall seinen ganzen Frust abladen konnte. Das wäre aber umso nötiger gewesen, als die Mitbestimmungsidealisten an den Städtischen Bühnen nicht nur sich selbst überforderten, sondern oft genug auch ihr Publikum. Aufführungen von erschöpfender Überlänge, teils auch Inszenierungen von politischer Einseitigkeit und moralischer Kühnheit, vertrieben gleich zu Beginn 1972 mit einem Schlag tausende alter Abonnenten. Auch eine ganze Reihe von Mitgliedern des Ensembles verließen aus Enttäuschung über die Praxis der Mitbestimmung ihr Theater schon nach den ersten Spielzeiten wieder. Mit hektischen Strukturreformen suchten Direktorium und Kulturdezernat gegenzusteuern. Doch sämtliche Experimente vom Dreier- zu einem informellen Achterdirektorium und wieder zurück brachten jahrelang nicht die erhoffte Stabilisierung. Als mit Wirkung zum 1. Januar 1977 endlich Remedur geschaffen und dem versierten Kulturmanager Karlheinz Braun vom „Verlag der Autoren" in nur leicht verschleierter Form praktisch die Intendanz anvertraut wurde, war es wenige Monate vor der Zäsur der Kommunalwahlen im März 1977 (mit der Wahl des CDU-Politikers Walter Wallmann zum Oberbürgermeister) schon zu spät, um den utopischen Gründungsanspruch des Frankfurter Modells zu retten.

Hatte es sich gerächt, dass die Kulturrevolutionäre einen allzu egozentrischen Begriff von „Demokratisierung" hatten? Fast so wie kommunistische Parteien eine Avantgarde-Funktion auf dem Weg zur Diktatur des Proletariats beanspruchten, agierte das Mitbestimmungstheater an den – vielfach bürgerlichen – (Besucher-)Massen vorbei, ohne darin ein Partizipationsproblem erkennen zu können. So kam keiner auf die Idee, etwa die Forderungen der teils christlich-konservativ geprägten Besuchervereinigungen nach Mitsprache beim Spielplan ernstzunehmen. Und bedurfte es wirklich des tragisch endenden Mitbestimmungsmodells der Frankfurter Theaterschaffenden, um „ein neues Selbstverständnis dieses Berufsstandes" zu verbreiten – auch dort, „wo es keine institutionalisierte Mitbestimmung gab"[14]? Oder wäre man nicht auch ohne dieses Experiment in den 1980er Jahren zu der Feststellung gekommen, der „human-emanzipatorische Prozeß" am Theater sei fortgeschritten, auf „ein größeres Durchschaubarmachen" könne „heute keine Theaterleitung mehr verzichten"[15]? An genügend anderen bundesdeutschen Theatern waren ja nach „1968" durchaus weniger utopische Formen verstärkter Mitwirkung des Ensembles zum Tragen gekommen. Dagegen waren an der nicht städtischen Berliner Schaubühne, wo neben Frankfurt der am weitesten gehende Mitbestimmungsversuch unternommen wurde, ganz ähnliche Probleme aufgetreten wie am Main[16].

Die Dissonanzen des „Demokratisierungsfortschritts" waren nicht nur an den progressivsten Theatern zu besichtigen, sondern auch in anderen sozialen Institutionen wie etwa im Zivildienst oder im Deutschen Entwicklungsdienst. Dort führte Anfang der 1970er Jahre eine veritable Selbstbestimmung der freiwilligen Helfer über die Lerninhalte der Vorbereitungskurse dazu, dass es „der politisch engagierten, links stehenden Minderheit" teilweise gelang, „ihre Überlegenheit in Sachen Vorwissen und sprachliche Gewandtheit in den somit nur scheinbar von autoritären Strukturen befreiten Debatten zu nutzen und die Kurse in ihrer Gesamtheit zu dominieren"[17]. Auch beim „Phänomen Demokratisierung" muss jedenfalls in jedem Einzelfall hinterfragt werden, „welche Gruppe in welcher Angelegenheit mitbestimmen sollte und welche Positionen dadurch aller Voraussicht nach Mehrheiten finden würden"[18].

---

[14] Rainer Mennicken/Peter Palitzsch, Regie im Theater, Frankfurt a. M. 1993, S. 31.
[15] Eugen Schöndienst, Geschichte des Deutschen Bühnenvereins seit 1945. Ein Beitrag zur Geschichte des Theaters, Frankfurt a. M. 1981, S. 270.
[16] Auch viele Konflikte an der Berliner Schaubühne resultierten etwa aus der zeitlichen Überbeanspruchung des Ensembles, aus dem Verhältnis zur Technikabteilung, aus Außenzwängen und internen Kommunikationsproblemen und nicht zuletzt aus einem „Hang zur Selbstbezogenheit". Dorothea Kraus, Zwischen Selbst- und Mitbestimmung: Demokratisierungskonzepte im westdeutschen Theater der frühen siebziger Jahre, in: Ingrid Gilcher-Holtey/Dorothea Kraus/Franziska Schößler (Hrsg.), Politisches Theater nach 1968. Regie, Dramatik und Organisation, Frankfurt a. M./New York 2006, S. 125–152, hier S. 151; vgl. auch ebenda, S. 147.
[17] Bastian Hein, Die Westdeutschen und die Dritte Welt. Entwicklungspolitik und Entwicklungsdienste zwischen Reform und Revolte (1959–1974), München 2006, S. 218.
[18] Ebenda, S. 229. Die Befunde Heins bestätigen in der Tendenz auch die Arbeit von Patrick Bernhard, Zivildienst zwischen Reform und Revolte. Eine bundesdeutsche

Diese kritische Einschätzung drängt sich gerade auch angesichts der, um es modisch auszudrücken, „humanitären Kosten" des Frankfurter Modells auf. Denn was hätte dieses von der schauspielerischen Qualität so überragende, seinesgleichen in der Bundesrepublik suchende Ensemble mitsamt dem Ausnahmeregisseur Palitzsch bei etwas weniger politisch-revolutionärem Impetus nicht alles erreichen können! Palitzsch, der künstlerische Genialität mit beeindruckender Arbeitskraft und staunenswertem Idealismus verband und zur Seele des Frankfurter Modells wurde, wird sich, auch wenn er dies nach außen stets in Abrede stellte, im Laufe seiner Frankfurter Jahre wohl manchmal an die Zeilen aus dem „Lied von der Unzulänglichkeit menschlichen Strebens" erinnert gefühlt haben. Palitzschs großer Mentor Brecht hatte es in den 1920er Jahren – vor seiner Konversion zum Marxismus – für die „Dreigroschenoper" geschrieben: „Ja, mach nur einen Plan/Sei nur ein großes Licht/Und mach dann noch 'nen zweiten Plan/Gehen tun sie beide nicht"[19]. Ein Jahr nach Palitzschs Abgang 1980 folgte ein gespenstischer Schlussakt, in dem sich zwei von drei Direktoren und eine Mehrheit des Ensembles mit einer Theaterbesetzung durch RAF-Sympathisanten solidarisierten. Der CDU-geführte Magistrat, einschließlich Hilmar Hoffmanns, reagierte darauf mit dem Abbruch des Mitbestimmungsmodells.

3. Zweites Beispiel: Das Frankfurter „Museum der demokratischen Gesellschaft"[20]

Während es am Schauspiel Frankfurt um die Konkretisierung des „Demokratisierungspostulats" innerhalb einer bestehenden Institution ging, sollte das neue Historische Museum der Stadt, das sich als „Museum der demokratischen Gesellschaft" verstand, gleichsam die dazu passenden Geschichtsbilder liefern. Vom Geist der „68er"-Zeit geprägte Museumsmacher spielten dabei eine Hauptrolle. Und auch in diesem Fall hatte Frankfurt Modellfunktion, konnte doch das im Herbst 1972 wieder eröffnete Haus, wie es ein NDR-Kommentator ausdrückte, „als Maßstab auch für andere

---

Institution im gesellschaftlichen Wandel 1961–1982, München 2005, S. 167ff., unter anderem anhand einer Untersuchung über die „Demokratisierung" der Zivildienstgruppe Kiel.
[19] Bertolt Brecht, Werke. Große kommentierte Berliner und Frankfurter Ausgabe, hrsg. von Werner Hecht u. a., Bd. 2: Stücke, Frankfurt a. M. 1988, S. 291.
[20] IfSG, Historisches Museum, Manuskript „Ein Museum der demokratischen Gesellschaft", o. D.

kultur- und kunsthistorische Museen in der Bundesrepublik dienen"[21]. Bei den Kontroversen um die neue Dauerausstellung des Stadtmuseums ist wie hinsichtlich des Stadttheaters eine längere, weit vor 1968 einsetzende Vorgeschichte zu berücksichtigen.

Denn die bundesdeutschen Museen, die der kulturelle Wiederaufbau der Nachkriegszeit allzu oft vergessen hatte, waren schon Anfang der 1960er Jahre in die Kritik geraten. Ihrer jetzt international zunehmend erkannten bildungs- und gesellschaftspolitischen Funktion schienen die traditionell ausgerichteten deutschen Musentempel kaum gerecht werden zu können. Nicht nur wegen ihrer oft noch deplorablen materiellen und räumlichen Situation, sondern auch weil sie vorrangig damit beschäftigt waren, Bestände zu pflegen und den Bedürfnissen des gebildeten Bürgertums zu entsprechen, statt sich für breitere Besucherschichten zu öffnen. Insofern trafen die Gedanken des von den „68ern" intensiv rezipierten Herbert Marcuse über den „affirmativen Charakter der Kultur" mit ihrem expliziten Angriff auf das hergebrachte, feiertäglich orientierte Museumswesen einen wunden Punkt.

In der Frankfurter Stadtverordnetenversammlung bestand bei den Beratungen über das neue Historische Museum Konsens über eine Institution, die künftig breiteren Besucherschichten als bisher in didaktischer Weise Einsichten in historische und gesellschaftliche Zusammenhänge vermitteln und Bestandteil eines modernen, gleichsam demokratischeren Bildungssystems werden solle. Wie der dementsprechend einhellig verabschiedete museologische und museographische Entwurf von den Ausstellungsmachern aber dann in die Praxis umgesetzt wurde, stand auf einem anderen Blatt. Denn es schien, als habe das Ziel, die traditionelle Geschichtsschreibung als ein herrschaftslegitimierendes Instrument zu entlarven, das der auf dem Kunsthistorikertag 1968 von jungen Dozenten und Museumsvolontären gegründete „Ulmer Verein" verfolgte, auch Pate für das Historische Museum Frankfurt gestanden.

So bemühten die dortigen Ausstellungsmacher zur klassenkämpferischen Charakterisierung des mittelalterlichen Feudalwesens an erster Stelle den KPD-Mitbegründer Otto Rühle und dessen völlig veraltete „Illustrierte Kultur- und Sittengeschichte des Proletariats". Auch ansonsten befleißigten sie sich eher vulgärmarxistisch wirkender Religions- und Kirchenkritik – ohne Rücksichten auf die Gefühle religiöser Zeitgenossen. Darüber hinaus ließen

---

[21] IfSG, Historisches Museum, Nr. 29, Manuskript einer Sendung im NDR 2 von Peter Bier, Pop und Politik, gesendet am 27.12.1975.

sie auf einer der umstrittensten Tafeln zur Novemberrevolution von 1918 erkennen, welches Verständnis von „Demokratisierung" ihrer Arbeit zugrunde lag. Der Text prangerte die Politik der Mehrheitssozialdemokratie an und pries das nicht zum Zuge gekommene Rätesystem als ein Mittel, die autoritätsgläubige deutsche Bevölkerung gleichsam zur wahren Demokratie zu führen.

Für den streckenweise unwissenschaftlichen, teils auch offen marxistischen Duktus der neuen Dauerausstellung war eine an den Ideen von „1968" orientierte Gruppe von Museumsleuten verantwortlich, die durch den zur alten Linken zählenden Direktor wohlwollende Förderung erfuhr. Trotz massiver öffentlicher Kritik, die parteipolitisch von der CDU bis zur „rechten" Sozialdemokratie, publizistisch von der „Welt" teilweise bis zur „Zeit" und zur „Süddeutschen Zeitung" reichte, blieb ein großer Teil der problematischen Schrifttafeln erhalten, oder es wurden lediglich fragwürdige Passagen durch neue Fragwürdigkeiten ersetzt. Weitergehende Änderungen wären nur „über die Leiche" des Kulturdezernenten Hoffmann möglich gewesen, der dem – Frankfurter Kultur bundesweit in die Schlagzeilen rückenden – Museum eisern zugute hielt, nicht nur die Geschichte der Herrschenden, sondern endlich auch die der Beherrschten zu dokumentieren und die Arbeiterschicht als Zielgruppe direkt anzusprechen. Die letzten alten Tafeln verschwanden erst in den 1980er Jahren unter einem neuen, politisch der FDP zugerechneten Museumsdirektor nach und nach.

In den 1970er Jahren aber blieb das Museum ein ideologisches Prestigeobjekt für den damals lange dominierenden linken Flügel der SPD. Dabei war es für die (neo-)marxistischen Museumsstürmer angesichts der sonst so breiten Phalanx ihrer Kritiker von großem Wert, Schützenhilfe durch Didaktik-Professoren der Frankfurter Universität zu bekommen, nicht zuletzt durch Hubert Ivo, Professor für Didaktik der deutschen Sprache und Literatur, der auch zu den Vordenkern der Hessischen Rahmenrichtlinien Deutsch zählte, oder durch Valentin Merkelbach, der die Frankfurter SPD leidenschaftlich davor warnte, an der Tendenz der Schrifttafeln Korrekturen zuzulassen. Auch Kustos Detlef Hoffmann fungierte als Lehrbeauftragter für Didaktik an der Frankfurter Universität.

Weniger weit links stehende Museumsfachleute zeigten sich von den Hervorbringungen dieser Didaktiker „verwirrt, viele schockiert". Diese „radikalsten Beispiele des didaktisch durchgeplanten Museums, das seine Sammlung restlos dem politischen Konzept unterwirft"[22], verschlug ihnen geradezu die

---

[22] Frankfurter Allgemeine Zeitung vom 19. 3. 1974.

Sprache. Nicht zuletzt rührte das Entsetzen daher, dass die oft papier- und thesenlastige Art der umständlich-abstrakten Präsentation den weniger lesegewohnten unterprivilegierten Besuchern des Historischen Museums „einen größeren Tort" antat als den bildungsnäheren „Überprivilegierten"[23], also den Anspruch der „Demokratisierung" schon von daher gründlich verfehlte.

4. Aufsaugen des gesellschaftlichen Partizipationsanspruchs

Resümierend wird man sagen müssen, dass am Frankfurter Stadtmuseum kaum ein Beitrag zur Demokratisierung der bundesdeutschen Gesellschaft geleistet, sondern ein Schritt zur geschichtspolitischen Fundamentalideologisierung getan worden ist, der die Gesellschaft eher spaltete. Die prinzipiell überzeugenden Grundbestandteile einer neuen Museumsdidaktik, denen anfangs alle Fraktionen im Römer zugestimmt hatten, bedurften der Impulse neomarxistischer System- oder Bewusstseinsveränderer zudem gar nicht; sie resultierten im Wesentlichen aus den schon Anfang der 1960er Jahre anhebenden Forderungen nach mehr öffentlicher Relevanz der Museen und verstärkter museumspädagogischer Sensibilität. Fraglich ist zudem, ob die Art und Weise der Durchsetzung des neuen Museumskonzepts mit dem „Demokratisierungspostulat" vereinbar war, wenn offensichtlich eine kleine (neo-) marxistische Minderheit ihre Ideen gegen fundierte wissenschaftliche Kritik – und auch gegen Sachkenner im eigenen Haus – auf Biegen und Brechen durchsetzen wollte. Es war jedenfalls, wie die „Süddeutsche Zeitung" konstatierte, ein „schlechtes Zeichen für eine doch demokratisch verfasste Stadt", wenn in dieser Weise „Indoktrination über Aufklärung" siegte[24].

Man kann sich also fragen, ob die Vorgänge am Historischen Museum wie am Schauspiel Frankfurt nicht im Kern das Diktum Hermann Lübbes über die Wirkung des „Demokratisierungspostulats" bestätigten: Mit diesem sei die Einsicht geschwunden, dass die „Freiheitsgewinne von Demokratisierungsprozessen, wie sie in den Grundrechtskatalogen liberaler Verfassungen gesichert sind [...], gerade die rechtliche Ausgrenzung derjenigen Lebensbereiche zum Inhalt haben, in Bezug auf die wir nicht wollen können, dass sie zur Disposition von Mehrheitsentscheidungen gestellt werden und die man daher auch genau in diesem Sinne nicht demokratisieren kann"[25]. Die

---

[23] Die Zeit vom 22.3.1974.
[24] So kommentierte zu Recht die Süddeutsche Zeitung vom 8./9.11.1975.
[25] Hermann Lübbe, 1968. Zur kulturellen und politischen Wirkungsgeschichte in Deutschland, in: Venanz Schubert (Hrsg.), 1968. 30 Jahre danach, St. Ottilien 1999, S. 185–208, hier S. 203.

Kluft zwischen Anspruch und Wirklichkeit des „Demokratisierungspostulates" zeigte jedenfalls auch, wie sehr der Partizipationsanspruch der Protestbewegung von „1968" „aufgesogen" wurde „durch das Regelwerk der Institutionen, das sich als stärker erwies als der in sie hineingetragene Wille zur Veränderung"[26].

Die „stahlharten Gehäuse" bürokratischer Institutionen (im Sinne von Max Weber) waren es aber nicht allein, die einem tiefer greifenden gesellschaftlichen Wandel entgegenstanden. Gerade die Entwicklung des Mitbestimmungsmodells am Frankfurter Theater verweist noch auf einen anderen wesentlichen Grund, den etwa auch der Sozialphilosoph Peter Furth zu Recht markiert hat: „In dem absoluten Glauben, moralisch im Recht zu sein", hätten die „68er" versucht, „sich über die Conditio humana [...] hinwegzusetzen". Man könne aber nur warnen „vor dem Primat der Möglichkeit gegenüber der Wirklichkeit"[27]. Die teilweise ausgesprochen inhumane Realität des Frankfurter Modells bleibt insofern ein Menetekel: Gesellschaftliche Veränderungen brauchen Zeit, und sie müssen vom alten Adam ausgehen, statt auf einen neuen Menschen zu spekulieren.

---

[26] Ingrid Gilcher-Holtey, Die 68er Bewegung. Deutschland – Westeuropa – USA, München 2001, S. 125.
[27] Frankfurter Allgemeine Zeitung vom 6.8.2008: „Die Revolte hat eine Wächtergeneration hinterlassen".

Elisabeth Zellmer
Zwischen gesellschaftlichem Wandel und weiblicher Parteilichkeit
Frauenbewegung und Feminismus der 1970er Jahre in München

1. Begriffe und Forschungsdesign: eine Frage des Standpunkts

Rund vier Jahrzehnte nach dem Aufbruch der neuen Frauenbewegung um „1968" ist Feminismus preisverdächtig: 2008 wurde Alice Schwarzer mit dem Literaturpreis der Ludwig-Börne-Stiftung ausgezeichnet. Die Laudatio auf Deutschlands bekannteste Feministin hielt Harald Schmidt. Der Fernseh-Moderator hob die politischen Prinzipien Schwarzers hervor, die er in „Emanzipation, Libertinage und Atheismus" erblickte. Weiter lobte er die Journalistin als „unermüdliche Streiterin für die Sache der Frau", ergänzt durch einen Nachsatz: „für die Sache der Frau, wie Alice sie sieht"[1]. Der Redner bediente sich damit zweier Topoi, die die Auseinandersetzung mit Feminismus und Frauenbewegung auch im wissenschaftlichen Kontext gerne begleiten. Da ist zum einen die Zuschreibung von Fortschritt, Modernisierung und der Abschüttelung veralteter Werte. Zum zweiten wird frauenbewegtes Denken und Handeln oft als derart vielseitig und vielschichtig wahrgenommen, dass für das späte 20. Jahrhundert bereits von unzähligen Feminismen und Frauenbewegungen die Rede ist.

Bei der Aufgabe, die Frauenbewegung und den Feminismus der 1970er Jahre historisch zu verorten, führen allerdings weder das Narrativ des Erfolgs noch das der Zahllosigkeit weiter. Aus diesem Grund muss ein analytischer Gebrauch der Begriffe an die Stelle eines nicht selten normativ geprägten Verständnisses von Frauenbewegung und Feminismus treten. In diesem Sinne kann die Frauenbewegung als soziale Bewegung verstanden werden, die der Definition der Bewegungsforscher Roland Roth und Dieter Rucht gemäß aus einem „Netzwerk von Gruppen und Organisationen" besteht, das sich „auf eine kollektive Identität" stützt, „eine gewisse Kontinuität

---

[1] Laudatio Harald Schmidts auf Alice Schwarzer anlässlich der Verleihung des Literaturpreises der Ludwig-Börne-Stiftung 2008, www.faz.net/s/RubCF3AEB154CE6496 0822FA5429A182360/Doc~E13BCED1CDCBD4481B78A962AD192CDCF~ATpl~ Ecommon~Scontent.html.

des Protestgeschehens" sichert und damit „Anspruch auf Gestaltung des gesellschaftlichen Wandels" erhebt. Das letzte Kennzeichen hat besonderes Gewicht, zumal es eine soziale Bewegung zu einer Akteurin macht, die „die Fähigkeit einer Gesellschaft" nutzt, „sich selbst zu produzieren", ohne dabei aus den Augen zu verlieren, dass die Bewegung selbst auch ein Produkt dieser Gesellschaft ist. Zudem vermeiden solche Überlegungen den Kurzschluss, eine soziale Bewegung sei automatisch progressiv, denn sie kann „fördernd oder bremsend, revolutionär, reformerisch oder restaurativ" sein[2].

Blickt man auf die 1970er Jahre, bietet sich an, von einer Identität von Frauenbewegung und Feminismus auszugehen, sind es doch Begriffe, die nicht zuletzt die Protagonistinnen selbst erst für sich entdeckten, meist als noch nie da gewesen betrachteten und mit unterschiedlichen Inhalten füllten. Mit Ausnahme des zur Abgrenzung zu historischen Vorgängerinnen des 19. und frühen 20. Jahrhunderts eingeführten Terminus der „neuen Frauenbewegung" bleibt der Aufsatz deshalb mit Kategorisierungen sparsam. Denn selbst bei den in wissenschaftlichen Studien häufig benutzten Analysekriterien eines liberalen, sozialistischen oder radikalen Feminismus handelt es sich um Bezeichnungen, die sich erst im Lauf der 1970er Jahre und innerhalb der Bewegung herauskristallisierten, nicht selten verbunden mit einem Streit um die „richtigere" feministische Lebensweise.

Eine gewisse Vorsicht in der Wortwahl ist auch gegenüber dem mittlerweile immer öfter gebrauchten Plural Frauenbewegungen und Feminismen angebracht: Obwohl die neue Frauenbewegung zu Recht als „ein fluides Phänomen" sowohl im Hinblick auf ihre räumliche und soziale Ausdehnung als auch auf ihre ideologischen Orientierungen bezeichnet wird[3], ist gerade diese Vielfältigkeit ein unverbrüchliches Charakteristikum des feministischen Tatendrangs. Außerdem ergab sich durch das Quellenstudium am Beispiel Münchens eine Vielzahl von personellen oder inhaltlichen Zusammenhängen zwischen verschiedenen Strömungen der Frauenbewegung. Allgemein lassen sich Frauenbewegung und Feminismus deshalb als eine soziale Bewegung und ihr Ideensystem fassen, die für die Aufhebung von Geschlechterhierarchien plädierten.

Wer sich für das Zusammen- und Wechselspiel von Reform und Revolte in der Bundesrepublik interessiert, kann die Lebensumstände von Frauen und

---

[2] Vgl. ausführlicher Roland Roth/Dieter Rucht, Einleitung, in: dies. (Hrsg.), Die sozialen Bewegungen in Deutschland seit 1945. Ein Handbuch, Frankfurt a. M./New York 2008, S. 10–34, hier vor allem S. 13–29.
[3] Kristina Schulz, Der lange Atem der Provokation. Die Frauenbewegung in der Bundesrepublik und in Frankreich 1968–1976, Frankfurt a. M./New York 2002, S. 23f.

deren politisches Engagement in eigener Sache nicht außer Acht lassen. Auf diesem Gebiet entfaltete sich spätestens seit den 1960er Jahren eine besondere Dynamik, der man sich durch eine Reihe von Fragen annähern kann: Finden sich in Politik und Gesellschaft zu dieser Zeit Spuren, die vom Wandel weiblicher Lebenswelten zeugen? Gibt es bereits Gleichberechtigungsdiskurse, die zumindest einer allzu polar angelegten und hierarchisierten Geschlechterordnung eine Absage erteilten? Oder war die Adenauer-Zeit eine „Spießerhölle", die die „68er" geradewegs zum Feindbild erklären *mussten*, weil „Biedermann" seine Frau in den Bereich von Kindern, Küche und Kirche verbannte?

Welche Rolle spielte „1968" bei der Entstehung der Frauenbewegung? War es ein Hort der Frauenfeindlichkeit, der einen feministischen Aufstand geradezu heraufbeschwor? Oder bereitete es einem Aufbruch den Weg, der mit seinem Slogan „Das Private ist politisch" schließlich die Stoßrichtung eines weiblichen Protests bestimmte? Wer waren überhaupt die Trägerinnen des feministischen Unmuts? Wie entwickelte sich die Bewegung von Frauen? Woraus bezog sie ihre Kraft? Nicht zuletzt ist da die Frage, ob es einen „Marsch der Frauenbewegung durch die Institutionen"[4] gab. Lässt sich eine Linie zwischen dem feministischen Aufbruch am Ende der 1960er Jahre und der Gleichstellungspolitik, wie sie sich in der Bundesrepublik seit dem Anfang der 1980er Jahre etablierte, ziehen?

2. „1968" – eine chauvinistische Veranstaltung?

Die neue Frauenbewegung ist ohne „1968" nicht denkbar, denn die Revolte offerierte viele Chancen, unmittelbar politisch tätig zu werden. Auf die Möglichkeiten, die „1968" gerade Frauen bot, spielte die Münchner APO-Aktivistin Reingard Jäkl an, die sich bereits seit den frühen 1960er Jahren entsprechend orientiert hatte. Zu den Gruppen, „denen ich mich als weibliche Person anschließen konnte", zählte sie – im Gegensatz zu „traditionellen Studentenverbindungen" – vor allem die Träger des Protests an den Münchner Universitäten: den Gewerkschaftlichen Arbeitskreis der Studenten, den Sozialistischen Deutschen Studentenbund (SDS), den Sozialdemokratischen (später: Sozialistischen) Hochschulbund und den Liberalen Studentenbund Deutschlands. Die Studentin fühlte sich in diesem Umfeld „gleichberechtigt und als Frau anerkannt"[5].

---

[4] So zuletzt Stefanie Ehmsen, Der Marsch der Frauenbewegung durch die Institutionen. Die Vereinigten Staaten und die Bundesrepublik im Vergleich, Münster 2008.
[5] Reingard Jäkl, Eine kleine radikale Minderheit, in: Baerbel Becker (Hrsg.), Unbekannte Wesen. Frauen in den sechziger Jahren, Berlin 1987, S. 145–148.

Die Außerparlamentarische Opposition (APO) und die Studentenproteste entfalteten eine Dynamik, die einen feministischen Aufbruch beflügelte und sich keinesfalls darauf beschränkte, dass sich Frauen gegen den Chauvinismus der Revolte zur Wehr setzen, wie dies viele Beteiligte in der Rückschau tun und damit eine Sicht generierten, die die Zeitgeschichtsschreibung bislang weitgehend unkritisch übernommen hat. Vielmehr trug „1968" entscheidend zur Politisierung von Frauen gerade im Hinblick auf (vermeintlich) weibliche Angelegenheiten rund um Kinderläden, Kommunen und Krawallen bei. So wurden die Münchner Frauenkommune oder der Freie Kindergarten, der sich um 1968 an der Kunstakademie etablierte, zu Orten, an denen man bewusst nach Alternativen suchte: Traditionelle Beziehungen und Aufgabenverteilungen zwischen Männern und Frauen, Sexualität, die Entwicklungsmöglichkeiten von Müttern, Kindererziehung und das Verhältnis der Eltern zueinander und zu den Kindern wurden hier unter politischen Gesichtspunkten diskutiert.

Die in der Stadt aufgrund ihres extrovertierten Auftretens ebenso berühmten wie berüchtigten Bewohnerinnen der Frauenkommune etwa verstanden ihren Lebensstil als „Befreiungskonzept", das den Frauen ein selbstbestimmtes Leben fernab von „gesellschaftlichen Zwängen" ermöglichen sollte[6]. Insgesamt fanden in der Frauenkommune, die 1968/69 eine weiträumige Wohnung in Schwabing gemietet hatte, sechs Frauen und zwei Kinder zusammen. Die Frauen waren allesamt Anfang/Mitte 20 und größtenteils Studentinnen sozialwissenschaftlicher, sprachlicher und künstlerischer Fachrichtungen, die sich in der „68er"-Bewegung, teilweise auch als Mitglieder des SDS, bei Demonstrationen, bei der APO-Rechtshilfe oder in der Kinderladenarbeit engagierten. Viele „68erinnen" erlebten vor allem durch die Revolte, dass das gesellschaftliche wie das familiäre Umfeld einer grundlegenden Kritik unterzogen und Veränderungen angestrebt werden konnten – eine Erfahrung, die einige von ihnen als frauenspezifischen Protest weitertrugen.

Außerdem erhielt die Außerparlamentarische Opposition Vorbildfunktion, was die Organisations- und Artikulationsformen, die Diskurse und Leitideen sowie die inhaltlichen Schwerpunkte der neuen Frauenbewegung betraf. Über das linke Selbstverständnis hinaus machte sich seit dem Ende der 1960er Jahre die Vielzahl neuer Frauengruppen nicht zuletzt die Infrastruktur zunutze, die um „1968" entstanden war und in Form von Verlagen,

---

[6] Zur Entwicklung der Münchner Frauenkommune ein Hintergrund-Gespräch der Verfasserin mit der ehemaligen Kommunardin Adelheid Opfermann am 16.10.2008.

Gruppierungen oder Kommunikationskanälen über das „annus mirabilis" hinaus existierte. Die Siemens-Frauengruppe folgte den Glaubensgrundsätzen der Revolte, als sie in der ersten Hälfte der 1970er Jahre im traditionellen Münchner Arbeiterviertel Giesing den Klassenkampf propagierte. Dabei stießen die selbsternannten Revolutionärinnen auf die schwierigen Lebensverhältnisse der sogenannten Gastarbeiterinnen, die meist als ungelernte und schlecht bezahlte Kräfte in den Industriebetrieben Giesings arbeiteten. Diese Erfahrung bewog die Gruppe, sich zunehmend um Frauen und ihre Belange zu kümmern. Neben dem Kampf gegen Paragraf 218 Strafgesetzbuch und dem Aufbau eines Frauenzentrums entstanden dabei Ideen, sich ausschließlich „als Frau bzw. für Frauen" zu betätigen und in Form der sogenannten Frauenprojekte „überhaupt langfristig Arbeitsplätze von, mit und für Frauen [zu] schaffen"[7].

Ein Ergebnis davon war die Frauenoffensive, ein Verlag, der seit Mitte der 1970er Jahre auf eigenen Beinen steht und bis heute feministische Schriften veröffentlicht. Neben weiblicher Tatkraft verdankte die Frauenoffensive ihre Existenz aber auch „1968", schließlich war es der Münchner Trikont-Verlag, der das notwendige Startkapital geliefert hatte. Der linksalternative Verlag, der seit seiner Gründung im Jahr 1967 mit seinen Publikationen zu den Befreiungs-Bewegungen in der „Dritten Welt" und linkstheoretischen Auseinandersetzungen in der allgemeinen Protestbewegung auf großes Interesse stieß, hatte sich nicht zuletzt dank des großen Absatzes der „Mao-Bibel" eine finanzielle Grundlage geschaffen, mit der er weitere Projekte förderte, zu denen auch Literatur zur Frauenemanzipation zählte. Verflechtungen wie diese sind Indizien dafür, dass „1968" und der Aufbruch der neuen Frauenbewegung nicht nur unter einem regionalen Blickwinkel einer weiteren Differenzierung bedürfen. Es ist dringend geboten, die von „1968" aufgegriffenen und die Geschlechterordnung betreffenden Anliegen stärker in den Blick zu nehmen und dabei nicht die „Töchter der Revolte" zu vergessen. Nur so kann vermieden werden, dass „1968" weiter vorwiegend als Aufstand einer geschlechtslosen oder männlichen Jugend gegen das geschlechtsneutrale „Establishment" interpretiert wird.

3. Wandel und Emanzipation

Die neue Frauenbewegung lässt sich aber nicht allein aus der Unruhe am Ende der 1960er Jahre erklären, sondern hängt eng mit den grundlegenden

---

[7] IfZ-Archiv, ED 899/16, Protokoll vom Seminar der Siemensfrauen am 27. 4. 1975.

Wandlungserscheinungen der Zeit zusammen. Dabei zeugten (wenngleich zaghafte) politische Reformen und soziokulturelle Veränderungen davon, dass der Gleichberechtigung von Frauen im öffentlichen Diskurs langsam ein höherer Wert beigemessen wurde. Zudem beeinflussten wirtschaftliche, wissenschaftliche und technische Entwicklungen die Lebenssituationen und das Bewusstsein insbesondere der weiblichen Bevölkerung. Die Ablösung der Industrie- durch die Dienstleistungsgesellschaft, die zunehmende Erwerbstätigkeit von Frauen, die Bildungsexpansion und mit ihr die Erschließung neuer Wissensfelder sorgten bereits vor „1968" für Modernisierungsschübe. In München machte sich dies zum Beispiel am soziologischen Institut der Ludwig-Maximilians-Universität bemerkbar, das sich nicht nur fachbedingt und unter dem Vorzeichen einer „neuen Kritik"[8] mit dem gesellschaftlichen Wandel und damit auch mit der Situation von Frauen auseinandersetzte. Vielmehr stieg mit der Vergrößerung des Instituts seit den 1960er Jahren der Frauenanteil unter Angestellten und Studierenden beträchtlich. Gleichzeitig wurden immer mehr Abschluss- und Doktorarbeiten geschrieben, die sich mit der „Lage der Frau" beschäftigten. Die Namen der Autorinnen wiederum sind vielfach auch in Quellen aus dem Münchner frauenbewegten Milieu zu finden.

Darüber hinaus veränderten die fortschreitende Urbanisierung und neue Formen des Städtebaus, die Rationalisierung der Hausarbeit durch Haushaltstechnik oder die Entwicklung und Verbreitung der Pille weibliche Lebenswelten eklatant. Frauen profitierten von neuen Angeboten der Lebensgestaltung, gerieten dabei aber auch in Konflikt mit tiefverankerten Rollenbildern, geschlechtsspezifischen Schranken und Benachteiligungen. Diese Widersprüche griff die neue Frauenbewegung mit ihren Forderungen nach Emanzipation und Selbstbestimmung auf. Sie wurde damit sowohl zum Produkt als auch zur Produzentin der sie umgebenden Wandlungsprozesse. Dafür steht unter anderem eine Überzeugung, die viele Frauengruppen des feministischen Aufbruchs teilten und die nicht so sehr in Opposition, sondern im Trend der Zeit lag. So verfocht die Rote Frauenfront, die Anfang der 1970er Jahre in München aktiv war, die Meinung, dass der Weg zur weiblichen Emanzipation einzig über die Erwerbsarbeit führe, da der „Boden für die Agitation erst bereitet" sei, „wenn die Frauen berufstätig sind"[9]. Mit der eindeutigen Ablehnung eines häuslichen Wirkungsfelds, das ohnehin

---

[8] Zur Wissenschaftsgeschichte vgl. Uta Gerhardt, Soziologie im zwanzigsten Jahrhundert. Studien zu ihrer Geschichte in Deutschland, Stuttgart 2009, S. 231–277.
[9] IfZ-Archiv, ED 899/6, Protokoll der Roten Frauenfront vom 24.7.1970.

nicht die Umgebung war, in der sich die jungen und zumeist studierenden oder erwerbstätigen Mitglieder der Roten Frauenfront hauptsächlich bewegten, wurde aus Sicht der Gruppe die allen Frauen gemeinsame Erfahrung der „doppelten Unterdrückung" – gemeint waren „Beruf und Hausarbeit und deren Wechselwirkung" – offensichtlich[10]. Da die Rote Frauenfront hier einen Mechanismus erblickte, der in der gesamten Gesellschaft zu Ungerechtigkeiten gegenüber Frauen führe, griff sie zu Mitteln, mit denen sie sich zunehmend sowohl von der Männerwelt als auch von klassischen linken Theorien absetzte.

4. Die Kraft der Bewegung

Das feministische Engagement erlangte im Lauf der 1970er Jahre eine immer größere Vielfalt. Ihre Eigendynamik erhielt die Bewegung nicht zuletzt dadurch, dass sie sich etwa zeitgleich in vielen Ländern Nordamerikas und Westeuropas formierte. Die Internationalität war Merkmal und Triebfeder des weiblichen Protests und bildete damit eine wichtige Ressource der Frauenbewegung. Dies galt insbesondere für die Bundesrepublik, wo die neue Frauenbewegung nur selten über direkte Anknüpfungspunkte zu Vereinigungen der alten Frauenbewegung verfügte beziehungsweise ein distanziertes Verhältnis zu etablierten und damit als „traditionell" und „konservativ" eingestuften Frauenverbänden pflegte. Dies zeigte sich auch bei der Münchner Gruppe Genossin Blaustrumpf, die 1971 die Wahl ihres Namens damit begründete, dass sie nach etwas gesucht habe, das „zugkräftig, nicht zu deutschernst und einseitig festlegend, dazu Spaß machend sein" sollte. Die originelle Lösung, die die Münchner Aktivistinnen schließlich fanden, ist ein Beleg dafür, dass der (internationale) Austausch zwischen den neuen Zusammenschlüssen bereits um 1970 gut funktionierte. Angelehnt hatten sich die Münchnerinnen nämlich an ein Vorbild aus den Niederlanden: an eine Frauengruppe, die unter dem Namen Dolle Minnas über die holländischen Grenzen hinaus von sich Reden machte[11].

Zwar setzte sich das Gros der Aktivistinnen aus Frauen zusammen, bei denen sich die grundlegenden Wandlungsprozesse und deren Ambivalenz besonders deutlich bemerkbar machten – jüngere Frauen meist, die studier-

---

[10] IfZ-Archiv, ED 899/6, Protokoll der Wochenendsitzung der Frauengruppe (Rote Frauenfront) am 20./21.3.1971.
[11] IfZ-Archiv, ED 451, Mappe Genossin Blaustrumpf, Protokoll der Gruppe Genossin Blaustrumpf über die Arbeitssitzung vom 25.1.1971.

ten, studiert hatten oder in gehobenen Ausbildungsberufen tätig waren. Dennoch gelang es der Frauenbewegung bisweilen, diesen Kreis zu erweitern. Das Frauenforum München, das Anfang 1975 rund 270 Mitglieder zählte, stellte beispielsweise eine generations- und schichtübergreifende Organisation dar. Die Mitglieder – wenige Männer, mehrheitlich aber Frauen – waren zwischen 18 und 80 Jahren alt; unter ihnen fanden sich Berufstätige ebenso wie Hausfrauen und Studentinnen. Hinweise zur Schullaufbahn machen deutlich, dass sich im Frauenforum keineswegs ausschließlich eine junge und gebildete neue Mittelschicht betätigte: Denn drei Viertel der Mitglieder verfügten über einen Volks- oder Realschulabschluss, nur ein Zehntel konnte einen Hochschulabschluss vorweisen[12]. Die eingängige Vorstellung einer allgemeinen Unterdrückung und das Befreiungsversprechen, die sich um die zentrale Parole „Das Private ist politisch" rankten, waren in viele Richtungen anschlussfähig. Sie wirkten auch Divergenzen entgegen, die beispielsweise aus Alter, Status und – zumindest in Gruppen wie dem Frauenforum München – sogar aus dem Geschlecht resultieren mochten. Die Frauenbewegung der 1970er Jahre wurde ihrem Anspruch, für alle Frauen zu sprechen und damit einen Beitrag zur Verbesserung der Lage der Menschheit zu leisten, zumindest teilweise gerecht.

5. Der Preis der Vielfalt

Freilich hatte die Vielfältigkeit, die die neue Frauenbewegung auszeichnete, einen Preis. Denn die Kreativität und Attraktivität, die von feministischer Theorie und Praxis ausgingen, waren nur eine Seite der Medaille. Sie sorgten nach den ersten Aufbrüchen und dem in weiten Teilen einvernehmlichen Kampf gegen den Paragrafen 218 Strafgesetzbuch seit der zweiten Hälfte der 1970er Jahre für Differenzierung, sowohl was die Bildung neuer Frauengruppen als auch was das Formulieren neuer feministischer Thesen anbelangte. Dabei galt München ab Mitte der 1970er Jahre im frauenbewegten Milieu als eine Stadt der Superlative. Hier nahm die Frauenoffensive als erster feministischer Verlag der Bundesrepublik die Arbeit auf, hier öffnete mit Lillemor's der erste Frauenbuchladen seine Pforten. Im Gegensatz zu den meisten anderen Städten verfügte die Metropole an der Isar nicht nur über ein, sondern gleich über mehrere Frauenzentren. Große Veranstaltungen wie „Frauenbeziehung – Frauenliebe", Walpurgisnacht-Demonstratio-

---

[12] Zur Zusammensetzung des Frauenforums München vgl. Frauenforum – Stimme der Feministen 1 (1975), S. 1: „Ein Wort in eigener Sache".

nen und der Aufbau einer Zufluchtsstätte für misshandelte Frauen und ihre Kinder sorgten für Schlagzeilen[13].

Der feministische Neuling auf dem Zeitschriftenmarkt, das Magazin „Emma", fand in Bayern Anfang der 1980er Jahre entgegen der eigenen Erwartungen kein bierselig-reaktionäres Umfeld vor, in dem die Frauenbewegung nur schwer würde gedeihen können. Vielmehr pries ein Artikels über München die bayerische Hauptstadt als „feministisches Wunderland"[14], ja sogar als *„die* Stadt der Frauenprojekte"[15] schlechthin.

Nach den Aufbrüchen in der ersten Hälfte der 1970er Jahre entwickelte sich die neue Frauenbewegung nicht nur in München, sondern bundesweit in einer Art und Weise, die ihren Anhängerinnen zufolge einen „feministischen Alltag" ermöglichte: Obwohl es Kraft koste, wenn alles Gewohnte „problematisiert, diskutiert, neu definiert" werde, sei dennoch „inmitten der Wüste des Patriarchats" eine „frauenfreundlichere Welt" entstanden. In diesem Sinne wurden Frauenzentren und Frauenkneipen, das Engagement in Frauenprojekten oder der Einsatz gegen Gewalt an Frauen zu „Stützpunkten, befreiten Gebieten" jenseits aller „frauenfeindlichen Denkmuster und Verhaltensstrukturen"[16].

Allerdings brachte die Differenzierung der neuen Frauenbewegung auch Differenzen mit sich, die nicht zuletzt darauf zurückzuführen waren, dass die weibliche Bevölkerung keine homogene Gruppe darstellte. Die Frauenbewegung der 1970er Jahre trug mit dazu bei, dieser Verschiedenartigkeit ein Gesicht zu geben. Zugleich arbeitete sie sich auf ihrer Suche nach der „richtigen" Organisations-, Protest- und Lebensweise mitunter vergebens an dieser Mannigfaltigkeit ab. Insbesondere die in der zweiten Hälfte der 1970er Jahre geführte Diskussion über einen „Lohn für Hausarbeit" führte vor Augen, dass manche Positionen innerhalb der Bewegung kaum gegensätzlicher hätten sein können. Im Mittelpunkt der Kontroverse stand die Frage, ob nun die Berufstätigkeit oder die Anerkennung der besonderen Rolle von Hausfrauen und Müttern der weiblichen Bevölkerung zur ersehnten Unabhängigkeit, Gleichberechtigung und Emanzipation verhelfen würde.

Die Befürworterinnen eines „Lohns für Hausarbeit" versprachen sich von der Orientierung an Hausfrauen und Müttern, Frauen über Alters-

---

[13] Vgl. Emma, April 1977: „Frauenkongress und Walpurgisnacht".
[14] Emma, Februar 1981: „Feministisches Wunderland".
[15] Emma, Juni 1982: „Frauenstudien – zum Beispiel München".
[16] Barbara Köster, Feministischer Alltag, in: Kristine von Soden (Hrsg.), Der große Unterschied. Die neue Frauenbewegung und die siebziger Jahre, Berlin 1988, S. 6–10, hier S. 8.

und Schichtgrenzen hinweg mobilisieren zu können. Dabei war das Verständnis von Hausarbeit weit. Es konnte von der Erledigung des Haushalts über Kindererziehung bis hin zur Sexualität in einer Paarbeziehung alles umfassen und war deshalb vermutlich keiner Frau fremd. Über die Politisierung dieses vermeintlich privaten Bereichs konnte so der feministischen Logik gemäß ein gemeinsames Bewusstsein aufgebaut und schließlich „Macht für *alle* Frauen"[17] gewonnen werden. Während sich in München die Siemens-Frauengruppe von dieser revolutionären Aussicht angezogen fühlte, konnte die Sozialistische Frauenorganisation München (SFOM) einem „Lohn für Hausarbeit" nichts abgewinnen. Die SFOM sah durch die Forderung keineswegs eine Einheit aller Frauen gewährleistet. Sie verwies darauf, dass beileibe nicht jede Frau Haus, Mann und Kinder zu versorgen habe. Zudem würde ein „Lohn für Hausarbeit" andere feministische Strategien unter den Tisch kehren, zum Beispiel die des politischen Lesbianismus, der Rollenzuschreibungen durch Homosexualität in Frage stellte. Schlussendlich wollte die SFOM getreu ihrer Kapitalismus-Kritik nicht dem „Schein des Geldes" erliegen, da sie fürchtete, dass ein „Lohn für Hausarbeit" den Frauen nicht Macht und Unabhängigkeit verleihe, sondern ganz im Gegenteil die gängige Arbeitsteilung zwischen den Geschlechtern sogar noch per Gehalt festschreibe[18].

6. Feministinnen als Thematisierungsagentinnen

Die Pluralisierung der Ansätze erleichterte es der Frauenbewegung nicht, ihre Forderungen politisch durchzusetzen. Dabei erwies sich auch als Problem, dass die von vielen Gruppen propagierte Autonomie den Weg in die Institutionen im Grunde verbot. Dagegen ist allerdings einzuwenden, dass viele frauenbewegte Ideen nicht ganz so weit von Unternehmungen der „großen" Politik entfernt waren, wie es ihre Repräsentantinnen oft glauben machten. So kann die in der ersten Hälfte der 1970er Jahre nicht nur in der Frauenbewegung geführte Debatte darüber, wie man Schwangerschaftsabbrüche zukünftig rechtlich handhaben sollte, als Beleg dafür gewertet werden, dass in Politik und Gesellschaft in vielen gerade Frauen betreffenden Fragen bereits Wille zur Veränderung bestand. Die Frauenbewegung

---

[17] Feministische Tendenzen oder was so alles unter Feminismus verstanden wird, in: Frauenjahrbuch '76, hrsg. von der Jahrbuchgruppe des Münchner Frauenzentrums, München 1976, S. 91.
[18] IfZ-Archiv, ED 899/3, Argumentationssammlung der SFOM „Lohn für Hausarbeit", undatiert (um 1975).

griff diese Fragen in radikalisierter Form auf und agierte dabei aller Kritik an der Bundesrepublik zum Trotz in einem System, das diese Aktionen zuließ und sich – ungeachtet aller zweifellos fortexistierenden Schwierigkeiten – der Frauenfrage keineswegs vollends verschloss.

Die Anstrengungen der neuen Frauenbewegung schlugen sich allerdings nicht unmittelbar in den Institutionen nieder. Mit ihrer basisdemokratischen Ausrichtung konnten sich die Aktivistinnen nur zum Teil Gehör verschaffen. Sie benötigten darum andere Akteure wie bestehende Frauenverbände oder Parteien, um ihre frauenzentrierten Anliegen in die politischen Kanäle einzuspeisen. Dabei machten bestimmte Themen wie die Mehrfachbelastung berufstätiger Mütter oder Gewalt gegen Frauen langfristig „Karriere", während die feministischen Forderungen weitgehend ungehört verhallten, die Politik, Wirtschaft und Gesellschaft bis in die privaten Beziehungen vollends neu gestalten wollten. Die neue Frauenbewegung war in ihrem Drängen nach Reformen und Inklusion, nach der Beschleunigung des gesellschaftlichen Wandels und Beseitigung seiner negativen Folgen weniger eine innovative politische Kraft sui generis, sondern betätigte sich eher als „Komplement und Korrektiv etablierter Institutionen"[19]. Das System erwies sich in seiner Gesamtheit als beständig, gerade weil es in der Lage war, feministische Positionen bis zu einem gewissen Grad zu integrieren. Dies geschah allerdings nicht so sehr in den klassischen Arenen der Politik, die mit der Gleichstellung eigene Wege beschritt, die nicht zuvorderst vom frauenbewegten Protest inspiriert waren.

Dies war auch in Bayern zu beobachten, wo die Staatsregierung im Dezember 1980 beschloss, im Staatsministerium für Arbeit und Sozialordnung eine „Leitstelle für die Gleichstellung von Frauen" aufzubauen. Diese Einrichtung, die ein knappes Jahr später die Arbeit aufnahm, sollte dazu beitragen, dass „das verfassungsrechtlich verankerte Gebot der Gleichbehandlung von Frau und Mann in der sozialen Wirklichkeit besser durchgesetzt werden" könne[20]. Die Entscheidung der Staatsregierung führte Staatssekretär Heinz Rosenbauer (CSU) vor dem Bayerischen Landtag darauf zurück, dass sich „auch" die CSU „intensiv" mit der Frage beschäftige, wie „den Belangen der Frauen besser als bisher" Rechnung getragen werden könne. „Entsprechende

---

[19] Dieter Rucht, Gesellschaft als Projekt – Projekte in der Gesellschaft. Zur Rolle sozialer Bewegungen, in: Ansgar Klein/Hans-Josef Legrand/Thomas Leif (Hrsg.), Neue soziale Bewegungen. Impulse, Bilanzen und Perspektiven, Opladen 1999, S. 15–27, hier S. 18f.
[20] 10 Jahre Leitstelle für die Gleichstellung von Frauen und Männern, hrsg. vom Bayerischen Staatsministerium für Arbeit, Familie und Sozialordnung, München 1991, S. 1.

Anregungen" für eine Gleichstellungsstelle, so erläuterte Rosenbauer weiter, habe der Bayerische Landesfrauenausschuss geliefert. Damit lobte der Staatssekretär ein Gremium, das der neuen Frauenbewegung und ihren besonderen Ausdrucksformen vollkommen fern stand: Ähnlich den korporativen Einrichtungen, die in anderen Bundesländern meist unter der Bezeichnung Landesfrauenrat existierten, war dieser Ausschuss in Bayern 1973 unter Federführung des Arbeitsministeriums ins Leben gerufen worden. Er vereinte Delegierte aus etablierten Frauenverbänden wie den Frauenvereinigungen der Parteien oder konfessionellen und berufständischen Gruppierungen und versuchte, über konsensorientierte Stellungnahmen den Blick der Landespolitik für die Belange der weiblichen Bevölkerung zu schärfen, um so die jeweiligen gesellschaftspolitische Debatten zu beeinflussen[21].

Die Frauenbewegung der 1970er Jahre fungierte daher eher im politischen Vorfeld, wenn sie bestimmte Ungerechtigkeiten und soziale Brennpunkte skandalisierte und damit in der Folge das Engagement bestehender, Frauenarbeit und -politik betreibender Gruppierungen ankurbelte. In diesem Sinne können die Feministinnen als „Thematisierungsagentinnen" bezeichnet werden[22]. Die Repräsentantinnen der neuen Frauenbewegung standen für einen längerfristigen Werte- und Mentalitätswandel, in den sie sich einreihten und den sie verstärkten. Mit ihrem Motto „Das Private ist politisch" erhob die Frauenbewegung der 1970er Jahre nicht nur den Anspruch, das, was als politisch relevant anzusehen sei, neu zu bestimmen. Vielmehr war sie gelebter Ausdruck dieser Neubestimmung, die zumindest die Trägerinnen und Sympathisantinnen der Bewegung selbst und ihre unmittelbare Umgebung nicht unbeeinflusst ließen. Indem sich die neue Frauenbewegung anschickte, weibliche Bedürfnisse in ein anderes Licht zu rücken, eröffnete sich ein breites Spektrum neuer Teilhabemöglichkeiten, die Frauen als Experimentierfeld politischen und sozialen Handelns nutzten. Auf diese Weise konnten feministische Ideen in die Gesellschaft diffundieren, wenn auch nicht überall und nicht überall in gleichem Maße. Die eingangs erwähnte Laudatio auf Alice Schwarzer mag für diese (immerhin duldende) Akzeptanz stehen. Denn selbst Harald Schmidt, der als Entertainer doch meist

---

[21] Stenographischer Bericht über die Sitzung des Bayerischen Landtags am 8.4.1981, S. 5563–5565, Zitat S. 5564.
[22] Wilfried Rudloff, Im Schatten des Wirtschaftswunders. Soziale Probleme, Randgruppen und Subkulturen 1960 bis 1973, in: Thomas Schlemmer/Hans Woller (Hrsg.), Gesellschaft und Wandel 1949 bis 1973, München 2002, S. 347–467, schreibt den „68ern" die Rolle von „Thematisierungsagenten" zu, die „im Schatten des Wirtschaftswunders" soziale Missstände aufgegriffen hätten (Zitat S. 462).

recht patriarchalisch hinter seinem Schreibtisch thront, behauptete, dass die zentrale Thesen des Feminismus bei den Männern angekommen seien. Frei nach Simone de Beauvoir war da aus Schmidts Munde zu hören: „Wir haben verstanden: Als Mann wird man nicht geboren, man wird es."[23]

---

[23] Laudatio Harald Schmidts auf Alice Schwarzer anlässlich der Verleihung des Literaturpreises der Ludwig-Börne-Stiftung 2008; www.faz.net/s/Rub117C535CDF414 415BB243B181B8B60AE/Doc~E9A1FE96FE6C847118F2C45FAA7439AFC~ATpl~ Ecommon~Scontent.html.

Oldenbourg Verlag

Ein Wissenschaftsverlag der Oldenbourg Gruppe

Weltgeschichtlicher Wandel durch Konferenzdiplomatie?

Helmut Altrichter
Hermann Wentker (Hrsg.)

Der KSZE-Prozess

Vom Kalten Krieg zu einem neuen Europa 1975 bis 1990

2011 | 128 S. | Broschur | € 16,80
ISBN 978-3-486-59807-0

Zeitgeschichte im Gespräch, Bd. 11

Zwischen der Konferenz über Sicherheit und Zusammenarbeit in Europa (KSZE) von 1975 und der Pariser Konferenz von 1990, in der man sich zum Aufbau eines neuen Europa auf der Grundlage der KSZE-Prinzipien bekannte, lagen 15 Jahre, in denen sich die Welt veränderte. Welchen Anteil hatte der KSZE-Prozess an diesem Wandel? Diese Frage steht im Mittelpunkt des vorliegenden Bandes, der sowohl der internationalen Regelung des Ost-West-Konflikts als auch den gesellschaftlichen Wirkungen nachgeht, die durch die KSZE und ihre Nachfolgekonferenzen ausgelöst wurden.

Beiträge von Helmut Altrichter, Gunter Dehnert, Benjamin Gilde, Anja Hanisch, Veronika Heyde, Benjamin Müller, Matthias Peter, Philip Rosin, Yuliya von Saal, Ernst Wawra, Hermann Wentker.

Bestellen Sie in Ihrer Fachbuchhandlung
oder direkt bei uns: Tel: 089/45051-248
Fax: 089/45051-333 | verkauf@oldenbourg.de

www.oldenbourg-verlag.de

Axel Schildt

Überbewertet?

Zur Macht objektiver Entwicklungen und zur Wirkungslosigkeit der „68er"

1. Deutungen von „1968"

Das am Münchner Institut für Zeitgeschichte betriebene Projekt kreist um das magische Jahr 1968. Udo Wengst, dessen Leiter, sorgt in der knappen Einleitung dieses Bandes für hinreichende Deutlichkeit des eigenen Standpunkts. „Vor allem ehemalige Akteure der ‚68er'-Bewegung" hätten ein wirkungsmächtiges Narrativ hervorgebracht, demzufolge sich die Demokratie in der Bundesrepublik „eigentlich erst Ende der 1960er Jahre" durchgesetzt habe[1]. Diese Legende sei „von konservativer Seite" noch unterstützt worden, indem schlicht das Vorzeichen – „1968" nicht als Befreiung, sondern als Bedrohung – vertauscht, der Ursprungsmythos selbst allerdings nicht in Frage gestellt worden sei. Demgegenüber sollte gefragt werden, „ob die Ereignisse um das Jahr 1968 im Wesentlichen schon die Folge eines früher einsetzenden gesellschaftlichen Wandels waren", oder ob erst die davon „ausgehenden Anstöße einen Reformschub bewirkt haben".

Das damit formulierte erkenntnisleitende Interesse, in dem sich überkreuzende geschichtspolitische und geschichtswissenschaftliche Linien des Umgangs mit „1968" spiegeln, durchzieht auch die einzelnen Studien, von denen drei (von fünf) bereits als Monographien publiziert wurden; zwei weitere sind angekündigt und werden im Umriss skizziert. Die bisher veröffentlichten Bände zum Zivildienst[2], zur Entwicklungspolitik[3] und zur Hochschulreform in Bayern und Hessen[4] präsentieren sorgfältig erarbeitete

---

[1] So Udo Wengst in seiner Einleitung zu diesem Band (S. 7); das folgende Zitat findet sich ebenda, S. 8.
[2] Vgl. Patrick Bernhard, Zivildienst zwischen Reform und Revolte. Eine bundesdeutsche Institution im gesellschaftlichen Wandel 1961–1982, München 2005; einer der interessantesten Befunde der Studie, die auf breiter Quellenbasis eine Geschichte des Zivildiensts in der Bundesrepublik liefert, ist der Nachweis der unerwarteten sozialliberalen Reformunlust auf diesem Feld.
[3] Vgl. Bastian Hein, Die Westdeutschen und die Dritte Welt. Entwicklungspolitik und Entwicklungsdienste zwischen Reform und Revolte 1959–1974, München 2006; die Einflüsse der „68er"-Bewegung bilden in diesem instruktiven Überblick nur ein Unterkapitel.
[4] Vgl. Anne Rohstock, Von der „Ordinarienuniversität" zur „Revolutionszentrale"?

Längsschnittstudien über jeweils etwa zwei Jahrzehnte, deren Auswahl ein genügend breites Spektrum abdeckt, um die Argumentation des Projekts zu prüfen. Allerdings werde ich mich hier angesichts des zur Verfügung stehenden Platzes nur auf die Kurzbeiträge beziehen können.

Mein Kommentar konzentriert sich darauf, eine etwas längere Linie zu „1968" und zum Umgang damit zu ziehen, um das Münchner Projekt angemessen verorten zu können. Fragwürdig scheint mir vorab allerdings die Prämisse zu sein, dass „die 68er" als Akteure der Geschichtspolitik und die Konservativen eine bestimmte Lesart der Ereignisse nachträglich implementiert hätten. Zum Funktionieren des Mythos gehörte vielmehr die Ambivalenz bereits der zeitgenössischen Wertung. Die gern skandierte Losung „Wir sind eine kleine radikale Minderheit" drückte bereits in ironischer Wendung einen Avantgarde-Anspruch aus, gleichzeitig aber auch ein generationelles Zusammengehörigkeitsgefühl[5]. Die Selbstpräsentation als „Neue Linke" transportierte – jenseits theoretischer Erklärungen – untergründig das Moment einer generationellen Differenz. Auch die konservative Abwehr der Revolte, etwa im Vergleich der Außerparlamentarischen Opposition mit den Radau-Antisemiten der SA durch Springers Boulevard-Blätter, war von Anfang an gegeben[6]. Bereits 1968/69 erschien eine Flut von Büchern, die mit dem „Studentenprotest" aus konservativer Sicht abrechneten und übrigens häufig das Generationsmuster als Erklärung bemühten[7]. Allerdings, und das sorgte für beträchtliche Irritationen unter Konservativen, gab es in der öffentlichen Meinung Ende der 1960er Jahre starke Sympathien für tiefgreifende gesellschaftsverändernde Reformen.

In diesem Meinungsklima verbreitete sich die „Abwehrfront" in den frühen 1970er Jahren, an den Hochschulen etwa mit dem Wirken des Bundes

---

Hochschulreform und Hochschulrevolte in Bayern und Hessen 1957–1976, München 2010; die Arbeit ist insofern verdienstvoll, als sie am Beispiel der beiden Bundesländer die politische Lager überwölbende Einheitlichkeit der Hochschulreformpolitik in den 1960er Jahren herausarbeitet, die dann in den 1970er Jahren zerbrach.
[5] Vgl. Holger Nehring, Generation as Political Argument in the West European Protest Movements in the 1960s, in: Stephen Lovell (Hrsg.), Generations in Twentieth-Century Europe, Basingstoke 2007, S. 57–78; Axel Schildt, „Trau keinem über 30!" Die Studentenrevolte als Generationsprotest, in: Martin Sabrow (Hrsg.), Mythos „1968"?, Leipzig 2009, S. 21–39.
[6] Vgl. hierzu für die Hochschulen auch Rohstock, Ordinarienuniversität, S. 364 ff.
[7] Vgl. etwa Erwin K. Scheuch, Die Wiedertäufer der Wohlstandsgesellschaft. Eine kritische Untersuchung der „Neuen Linken" und ihrer Dogmen, Köln ²1968; Hans Dichgans, Das Unbehagen in der Bundesrepublik. Ist die Demokratie am Ende?, Düsseldorf ²1968.

Freiheit der Wissenschaft[8], aber auch gegen die Ostpolitik und innenpolitische Reformvorhaben der sozialliberalen Koalition. Als „Schock" oder „Trauma" sind die Reaktionen mancher bis dahin liberaler oder bereits konservativer Professoren beschrieben worden, ein Indiz auch für die intensive Wahrnehmung der politisch-kulturellen Umbrüche und die starke Beachtung ihrer Protagonisten[9]. Zugleich verzweigten sich die Wege der Linken. Nach dem Zerfall der zumindest hinsichtlich der öffentlichen Aufmerksamkeit 1968 dominierenden „antiautoritären Bewegung" erhielten die SPD und die Jungsozialisten den stärksten Zulauf; viele wandten sich der wieder legalen Kommunistischen Partei (DKP) und den ihr nahestehenden Organisationen zu; undogmatische Linke gründeten das Sozialistische Büro, das seine Hochburgen im „Ausbildungssektor" besaß; die sogenannten „K-Gruppen", Initiativen zum Aufbau einer „antirevisionistischen", wahrhaft revolutionären „marxistisch-leninistischen" Kommunistischen Partei, die auch Stalin und Mao Tse Tung verehrten, kämpften eher untereinander um den Führungsanspruch, erreichten aber nicht annähernd die Stärke der zuvor genannten Strömungen; randständig blieben – im umgekehrten Verhältnis zur enormen und anhaltenden medialen Stilisierung – linksterroristische Gruppierungen[10]. Diese Wege der Protestbewegung in die 1970er Jahre sind in Umrissen und eher von Politikwissenschaftlern dargestellt worden[11], während sich die zeithistorische Forschung mittlerweile stärker mit dem „alter-

---

[8] Daniela Münkel, Der „Bund Freiheit der Wissenschaft". Die Auseinandersetzungen um die Demokratisierung der Hochschule, in: Dominik Geppert/Jens Hacke (Hrsg.), Streit um den Staat. Intellektuelle Debatten in der Bundesrepublik 1960–1980, Göttingen 2008, S. 169–187; zur Einordnung vgl. Axel Schildt, „Die Kräfte der Gegenreform sind auf breiter Front angetreten". Zur konservativen Tendenzwende in den Siebzigerjahren, in: AfS 44 (2004), S. 449–478; Massimiliano Livi/Daniel Schmidt/Michael Sturm (Hrsg.), Die 1970er Jahre als schwarzes Jahrzehnt. Politisierung und Mobilisierung zwischen christlicher Demokratie und extremer Rechter, Frankfurt a. M./New York 2010.
[9] Vgl. Riccardo Bavaj, Deutscher Staat und westliche Demokratie. Karl Dietrich Bracher und Erwin K. Scheuch zur Zeit der Studentenrevolte von 1967/68, in: GiW 23, S. 149–171.
[10] Als Bilanz der Forschung, die vor allem die mediale Konstruktion des Linksterrorismus betont: Klaus Weinhauer/Jörg Requate/Heinz-Gerhard Haupt (Hrsg.), Terrorismus in der Bundesrepublik. Medien, Staat und Subkulturen in den 1970er Jahren, Frankfurt a. M./New York 2006; vgl. auch Johannes Hürter/Gian Enrico Rusconi (Hrsg.), Die bleiernen Jahre. Staat und Terrorismus in der Bundesrepublik Deutschland und Italien 1969–1982, München 2010.
[11] Sehr früh schon von Gerd Langguth, Die Protestbewegung in der Bundesrepublik Deutschland 1968–1976, Köln 1976; als interessanter Überblick eines zeitgenössischen Akteurs: Gerd Koenen, Das rote Jahrzehnt. Unsere kleine deutsche Kulturrevolution 1967–1977, Köln 2001.

nativen Milieu" beschäftigt, das sich – quer zu den herkömmlichen linken Strömungen – in den 1970er Jahren ausbreitete. „Grün schlägt rot"[12]: Diese Formel für die sogenannten Neuen Sozialen Bewegungen, die nicht mehr die Revolution, sondern den gewaltlosen Schutz der bedrohten Umwelt und des Friedens propagierten, deutet den zentralen politisch-kulturellen Strang auf der Linken an[13].

Die Erfindung der „68er"-Generation in der Bundesrepublik fällt exakt in diesen Zeitraum. Klaus Hartung (geboren 1940), 1968 Aktivist in West-Berlin, war wohl der erste, der die linke Bewegung im „Kursbuch" im Dezember 1978 als „68er"-Generation bezeichnete. Damit war der Generationsbegriff von einer als unpolitisch abgelehnten Fremdbezeichnung zu einer emphatischen Selbstbezeichnung geworden[14]. In Deutschland – wie auch in anderen westlichen Ländern – bürgerte sich die Bezeichnung „68er"-Generation rasch ein. Wolfgang Kraushaar hat zwar eingewandt, dass die Anzahl der einstigen Aktivisten von „1968" kaum mehr als 10 000 betragen habe[15]. Aber das Argument gilt generell für die Konstruktion von Generationen. Die Suggestion, eine ganze Generation begrifflich einhegen zu können, stützt sich stets auf ihre artikulationsfähigsten Teile, den bildungsbürgerlichen und fast ausschließlich auf den männlichen Teil, der literarische Quellen hervorgebracht hat und als Subjekt von Erzählungen fungiert. Aber die zahllosen vergeblichen Versuche, eine neue Generation in der Öffentlichkeit zu kreieren („78er", „Generation Berlin", „89er", „Generation Reform" und so weiter), die die „68er" überwinden würden, zeigen auch, dass man nicht beliebig mit medialen Marketing-Strategien eine Generation durchsetzen kann.

Der wichtigste Grund dafür, warum sich eine „68er"-Generation in der Öffentlichkeit behauptet hat, liegt in der Zeit der 1960er Jahre selbst als Zeitraum einer besonders dynamischen politischen, gesellschaftlichen und kulturellen Transformation. Und die Linke, die nur eine kleine Minderheit

---

[12] Andrei S. Markovits/Philip S. Gorski, Grün schlägt rot. Die deutsche Linke seit 1945, Berlin 1997; die amerikanische Ausgabe trug den weniger apodiktischen Titel: „Red, Green and Beyond".
[13] Vgl. Sven Reichardt/Detlef Siegfried (Hrsg.), Das alternative Milieu. Antibürgerlicher Lebensstil und linke Politik in der Bundesrepublik Deutschland und Europa 1968–1983, Göttingen 2010; Silke Mende, „Nicht rechts, nicht links, sondern vorn". Eine Geschichte der Gründungsgrünen, München 2011.
[14] Vgl. Albrecht von Lucke, 68 oder neues Biedermeier. Der Kampf um die Deutungsmacht, Berlin 2008, S. 28 ff.; Silja Behre, Vom Erinnern und Vergessen. Rückblicke auf 1968 von 1977 bis 2008, in: GWU 59 (2008), S. 382–396.
[15] Vgl. Wolfgang Kraushaar, Achtundsechzig. Eine Bilanz, Berlin 2008.

vertrat, aber den Ton angab, konnte sich auf dieser Grundlage zur Generation erklären. Allerdings wurden die „68er" mit diesem Coup auch zum Objekt der historisch wechselnden Betrachtung, zur Generation am Tropf des Feuilletons. Beim Jubiläum 1988 wollten alle dabei gewesen sein, sogar konservative Politiker, etwa Peter Gauweiler von der CSU, als „andere 68er". 1993, nach dem Fall der Mauer und in der deutschen Einheit, wurden sie öffentlich von den mittlerweile wieder vergessenen „89ern", der „Generation Berlin", für überwunden erklärt. 1998, nach dem Sieg von Rot-Grün, rief man die „68er"-Generation zum Sieger der Geschichte aus. Im Jubiläumsjahr 2008 wiederum wurde – und angesichts des Ausglühens der Generationslava vielleicht zum letzten Mal mit dieser schrillen Note – das „68er"-Bashing zwar nicht mit neuen Argumenten, dafür aber sogar von professionellen Historikern aufgeführt[16].

Die Zeitgeschichtsforschung hat die geschichtspolitischen Auseinandersetzungen begleitet, wobei ich zwei Wege unterscheiden möchte. Große Verdienste hat sich Ingrid Gilcher-Holtey – beginnend mit ihrer Habilitationsschrift über den Pariser Mai – um die akribische Rekonstruktion und dichte Beschreibung der Geschehnisse rund um das Jahr 1968 erworben[17]. Vor allem die hier eingenommene transnationale Perspektive der Betrachtung gilt heute als standardsetzend[18]. Ingrid Gilcher-Holtey, aber auch der kenntnis-

---

[16] Vgl. Götz Aly, Unser Kampf 1968 – ein irritierter Blick zurück, Frankfurt a.M. 2008; Hans-Ulrich Wehler, Deutsche Gesellschaftsgeschichte, Bd. 5: 1949–1989, München 2008, S. 321ff. und S. 373ff. Volker Ullrich hat die Motive von Aly und Wehler, die sich ansonsten nie einig waren, zu interpretieren versucht. Während er bei Aly (geboren 1947) den „Selbsthass" des Protagonisten von „1968" ausmacht, wird bei Wehler (geboren 1931) das Neidmotiv zwischen den Generationen vermutet, der Ärger, dass der Ruhm der Liberalisierung der Bundesrepublik immer noch in stärkerem Maße den „68er" als der eigenen HJ- oder Flakhelfergeneration zugeschrieben werde. Vgl. Volker Ullrich, Traut vereint. Götz Aly und Hans-Ulrich Wehler gegen die 68er, in: Die Zeit vom 11.9.2008.
[17] Vgl. Ingrid Gilcher-Holtey, „Die Phantasie an die Macht": Mai 68 in Frankreich, Frankfurt a.M. 1995; Ingrid Gilcher-Holtey (Hrsg.), 1968 – vom Ereignis zum Gegenstand der Geschichtswissenschaft, Göttingen 2001; Ingrid Gilcher-Holtey, Die 68er Bewegung: Deutschland, Westeuropa, USA, München ^{4}2008.
[18] Vgl. Carol Fink/Philipp Gassert/Detlef Junker (Hrsg.), 1968. The World Transformed, Cambridge u. a. 1998; Michael Schmidtke, Der Aufbruch der jungen Intelligenz. Die 68er Jahre in der Bundesrepublik und den USA, Frankfurt a.M./New York 2003; Thomas Etzemüller, 1968 – Ein Riss in der Geschichte? Gesellschaftlicher Umbruch und 68er-Bewegungen in Westdeutschland und Schweden, Konstanz 2005; Martin Klimke/Joachim Scharloth (Hrsg.), 1968 in Europe. A History of Protest and Activism, 1956–1977, New York u. a. 2008; Norbert Frei, 1968. Jugendrevolte und globaler Protest, München ^{2}2008.

reiche Chronist der „68er"-Bewegung, Wolfgang Kraushaar, erweiterten die Betrachtung dann in Richtung einer Geschichte der Intellektuellen[19].

Einen anderen Weg beschritten Projektzusammenhänge in Hamburg, Tübingen und Freiburg, die, nachdem bereits die Gründerzeit der Bundesrepublik als „Modernisierung im Wiederaufbau"[20] untersucht worden war, jeweils die 1960er Jahre als tiefgreifende wirtschaftliche, gesellschaftliche, politische und kulturelle Transformationsphase interpretierten, die vom letzten Drittel der 1950er bis zum ersten Drittel der 1970er Jahre reichte[21]. Hier ging es nicht um die Ausklammerung, sondern um die Kontextualisierung von „1968" in der längeren Perspektive der westdeutschen Gesellschaft[22]. Dabei wurde deutlich, dass „68" als Chiffre für die Hochphase eines längeren politisch-kulturellen Wandlungsprozesses zu verstehen ist. Die studentische Rebellion und die Revolte der Jugend brachten keine steinernen Verhältnisse zum Tanzen. Vielmehr waren deren Akteure ein treibender und übertreibender Ausdruck gesellschaftlicher Umbrüche, die bereits ein Jahrzehnt zuvor begonnen und sich immer weiter beschleunigt hatten. Damit konnte eine nüchterne geschichtswissenschaftliche Alternative zur positiven wie negativen Hypostasierung von „1968" präsentiert werden. Allerdings zeigt sich in manchen Beiträgen eine Tendenz, die Revolte deshalb als angesichts „objektiver" Prozesse letztlich unwichtige Arabeske abzutun[23].

---

[19] Vgl. Wolfgang Kraushaar (Hrsg.), Frankfurter Schule und Studentenbewegung. Von der Flaschenpost zum Molotowcocktail 1946–1995, Hamburg 1998; Ingrid Gilcher-Holtey (Hrsg.), Zwischen den Fronten. Positionskämpfe europäischer Intellektueller im 20. Jahrhundert, Berlin 2006; Ingrid Gilcher-Holtey (Hrsg.), Eingreifendes Denken. Die Wirkungschancen von Intellektuellen, Weilerswist 2007.
[20] Axel Schildt/Arnold Sywottek (Hrsg.), Modernisierung im Wiederaufbau. Die westdeutsche Gesellschaft der 50er Jahre, Bonn ²1998; Axel Schildt, Moderne Zeiten. Freizeit, Massenmedien und „Zeitgeist" in der Bundesrepublik der 50er Jahre, Hamburg ²2003.
[21] Vgl. Axel Schildt/Detlef Siegfried/Karl Christian Lammers (Hrsg.), Dynamische Zeiten. Die 60er Jahre in den beiden deutschen Gesellschaften, Hamburg ²2003; Axel Schildt, Rebellion und Reform. Die Bundesrepublik der Sechzigerjahre, Bonn 2005.
[22] Vgl. Anselm Doering-Manteuffel, Wie westlich sind die Deutschen? Amerikanisierung und Westernisierung im 20. Jahrhundert, Göttingen 1999; Ulrich Herbert (Hrsg.), Wandlungsprozesse in Westdeutschland. Belastung, Integration, Liberalisierung 1945–1980, Göttingen 2002.
[23] Vgl. etwa Hermann Rudolph, Mehr als Stagnation und Revolte. Zur politischen Kultur der sechziger Jahre, in: Martin Broszat (Hrsg.), Zäsuren nach 1945. Essays zur Periodisierung der deutschen Nachkriegsgeschichte, München 1990, S. 141–151.

2. Kritische Anmerkungen zum Projekt „Reform und Revolte"

Dass die antiautoritäre Studentenbewegung nicht als geschichtsmächtiger Akteur ein politisches und gesellschaftliches System verändert hat, muss nicht noch einmal betont werden. Wenn deren Einfluss aber systematisch minimiert werden soll und gleichzeitig der politisch organisierte Kern der Revolte, etwa der SDS, mit der „68er"-Bewegung in eins gesetzt wird, beginnen forschungsstrategische Probleme. So konstatiert Patrick Bernhard, dass sich 1968 die Zahl der Wehrdienstverweigerer enorm gesteigert und die Motive politisiert hätten, besteht aber gleichzeitig darauf, dass „der ,68er'-Protestbewegung" längst nicht die ihr von zeitgenössischen Beobachtern unterstellte Bedeutung zukomme, die angesprochenen Veränderungen „Folge eines ungleich breiteren gesellschaftlichen Wandels" gewesen seien. Dass „die ,68er' nur den besonders lautstarken Teil einer ansonsten ,stillen Revolution' darstellten", halte ich für einen simplifizierenden Dualismus, der geradezu geschichtsobjektivistisch auf die Macht anonymer gesellschaftlicher Prozesse abhebt. War es nicht eher so, dass die Umbrüche von „1968" auch für die breitere Infragestellung der Wehrdienstverweigerung den Handlungsrahmen bildeten, der aber von Akteuren, nicht zuletzt von den Verweigerern selbst, ausgefüllt werden musste? Wenn für diese die „Ideen von ,68'" – leider werden deren Inhalte nicht ausgeführt – für die Verweigerung „eine weitaus geringere Rolle als bisher angenommen"[24] gespielt haben, kann das nur gelten, wenn diese „Ideen" sehr eng gefasst werden. Nun handelte es sich aber bei den Verweigerern in der Regel um 18–20jährige Jugendliche. Dass in deren Köpfen die „Ideen" der antiautoritären Protestbewegung nicht in theoretisch elaborierter Form lebten – im Übrigen ja auch im großen Teil der studentischen Bewegung nicht – versteht sich von selbst. Aber wenn diese Jugendlichen nicht von „1968" affiziert waren, wovon sonst? Wenn „keineswegs politische Motive vorherrschten"[25] und im Weiteren „Werte der Prosozialität"[26] angesprochen werden, die „1968" stärker betont wurden, welcher Begriff von Politik liegt dann vor? Ist nicht die „Übernormalisierung" der Wertschätzung der sogenannten Zivis in den 1980er Jahren als „eigentlichen ,Helden des Alltags'"[27] Ausdruck eines genuin politischen Einstellungswandels?

---

[24] Vgl. S. 13 des vorliegenden Bandes.
[25] S. 19 des vorliegenden Bandes.
[26] S. 21 des vorliegenden Bandes.
[27] S. 28 des vorliegenden Bandes.

Mit dem erwähnten Dualismus „objektiver" längerfristiger Prozesse und der eng verstandenen „68er"-Bewegung entsteht das Risiko, Hintergründe und Verbindungen zu kappen. Die Faszination der Rebellion in einem zeitgenössisch breiten medialen Umfeld würde ebenso ignoriert wie direkte als auch indirekte Auswirkungen, zum Beispiel auf dem Buch- und Zeitschriftenmarkt[28] sowie auf das Selbstverständnis der Journalisten, etwa im Blick auf die „Statutenbewegung" in großen Verlagshäusern[29], auf die geistes- und sozialwissenschaftlichen Fächer[30] und den expandierenden Bildungsbereich[31]. Solche Schnittstellen der Begegnung von Studentenrevolte und Gesellschaft sind vergleichsweise wenig erforscht – die Auswahl der Teilprojekte des Münchner Vorhabens ist insofern sehr plausibel.

Auch Bastian Hein will mit seinem Thema, der „Entwicklungshilfe" und „internationalen Solidarität", einen „Gradmesser des Reformklimas" untersuchen. Beschrieben wird eine Konstellation, bei der sich in der Bevölkerung populäre Kritik an zu hohen Kosten der „Entwicklungshilfe" mit einer linken Kritik am Umgang mit der „Dritten Welt" traf, wobei zurecht konstatiert wird, dass auf der Linken eine generelle Ablehnung der „Entwicklungshilfe" als „perfides neokolonialistisches Instrument"[32] eine Minderheitsposition gegenüber kirchlichen und anderen engagierten Jugendgruppen darstellte. Auf der Regierungsebene wird der Ministerwechsel von Hans-Jürgen Wischnewski zu Erhard Eppler Ende 1968 als wichtige Zäsur profiliert, wenngleich die hohen Zielen der „Entwicklungshilfe" als „Weltinnenpolitik" dann in der sozialliberalen Zeit aufgrund des Vetos der Finanzminister nur partiell eingelöst worden sein. Immerhin habe es zehn Jahre später, 1978, 1000 „Basisinitiativen"[33] auf diesem Feld gegeben. Die These, dass „die revoltierenden ‚68er', bei der Aufwertung des Politikfelds „Entwicklungshilfe" keine zentrale Rolle gespielt hätten, „weil sie nicht isoliert wirkten" und wenn, dann „primär indirekt"[34] – wer würde das bestreiten – klingt angesichts der

---

[28] Vgl. Adelheid von Saldern, Markt für Marx. Literaturbetrieb und Lesebewegungen in der Bundesrepublik in den Sechziger- und Siebzigerjahren, in: AfS 44 (2004), S. 149–180.

[29] Vgl. Christina von Hodenberg, Konsens und Krise. Eine Geschichte der westdeutschen Medienöffentlichkeit 1945–1973, Göttingen 2006, S. 430ff.

[30] Vgl. etwa Rainer Rosenberg u. a. (Hrsg.), Der Geist der Unruhe. 1968 im Vergleich. Wissenschaft – Literatur – Medien, Berlin 2000.

[31] Dieses Thema stellt allerdings noch ein zeitgeschichtliches Desiderat dar; vgl. einige Anregungen in Richard Faber/Erhard Stölting (Hrsg.), Die Phantasie an die Macht? 1968 – Versuch einer Bilanz, Berlin/Wien 2002.

[32] S. 34 des vorliegenden Bandes.

[33] S. 41 des vorliegenden Bandes.

[34] S. 43 des vorliegenden Bandes.

eigenen empirischen Befunde eher geschichtspolitisch motiviert. Wiederum ist aber der Preis dafür eine sehr enge Bestimmung der „68er"-Bewegung, die die erwähnten, an den Hochschulen besonders stark verankerten, Solidaritätsgruppen für die „Dritte Welt" definitorisch ausschließt.

Anne Rohstock setzt in ihrem Beitrag „Nur ein Nebenschauplatz" mit der „zentralen These" ein, „dass der Einfluss der Hochschulrevolte auf die Hochschulreform sehr viel geringer war als bisher angenommen"[35]. Es ist zwar richtig, dass die spektakulären Protestformen tendenziell den Konflikt „zwischen wachsenden staatlichen Steuerungsintentionen auf der einen und dem traditionellen Selbstverständnis der deutschen Universität auf der anderen Seite"[36] überdeckten. Aber dies gilt eher retrospektiv, denn von den Zeitgenossen wurde dieser Widerspruch permanent diskutiert; gerade die radikale Linke zog sogar stärker gegen die progressiven Technokraten als gegen die nur noch als lächerlich anachronistisch empfundenen Relikte der Ordinarienherrschaft zu Felde. Insofern spielte der SDS in diesem Verständnis – jedenfalls der späten 1960er Jahre – keine „Vorreiterrolle in der Hochschulreform". Aber wiederum: Die einzelnen Prozesse werden durchaus zutreffend beschrieben, aber die bemühte Herabsetzung der Bedeutung der „Studentenrevolte", weil sie „selbst erst Produkt eines bereits in den 1960er Jahren eingeleiteten Wandels" gewesen sei und „vermittelnder Akteure"[37] bedurfte, überzeugt nicht recht. Immerhin transportierten dann ja offenbar Akteure, die den „radikalen Forderungen zunächst ihren antidemokratischen Impetus nahmen"[38], einen wie auch immer modifizierten und domestizierten rebellischen Kern.

Der Nachvollzug eben dieser Vermittlung ist aber nicht nur für die Prozesse innerhalb der Hochschulen, sondern insgesamt für die räumliche Diffusion der Revolte wichtig, die zeitgenössisch gern als „Verbreitung der Unruhe unter der Jugend" bezeichnet wurde. Für diese spielten die Akteure der Studentenbewegung durchaus eine tragende Rolle, gab es doch 1967/68 beträchtliche Ungleichzeitigkeiten und Unterschiede zwischen Großstädten, kleinen Universitätsstädten, Orten mit und Orten ohne Universitäten oder anderen Hochschulen und so weiter. Genannt sei zum Beispiel Bremen, wo die Universitätsgründung erst nach 1968 erfolgte. In dem preisgekrönten Film von Peter Zadek „Ich bin ein Elefant, Madame" (1969), der dort im Alten Gymnasium gedreht wurde, waren es die Schüler, die den antiautoritären

---

[35] S. 45 des vorliegenden Bandes.
[36] S. 46 des vorliegenden Bandes.
[37] S. 54 des vorliegenden Bandes.
[38] Ebenda.

Geist verbreiteten, allerdings inspiriert durch ehemalige, nun in anderen Städten studierende und nur knapp ältere Freunde. In einer Szene dieses Films fährt ein solcher Student, untermalt von lebhafter Musik, im offenen Jeep mit Vietcong-Fahne durch Bremen, um zu symbolisieren: Die Revolution war in der Provinz angekommen[39].

Je weiter von den universitären „hot spots" West-Berlin und Frankfurt am Main entfernt, aber auch dortselbst, desto unbefangener wurden mit zum Teil rührender Naivität Lebensentwürfe produziert, die sich eben nicht allein in politischen Optionen erschöpften, sondern Vorstellungen von Freundschaft und Sexualität, Berufswünsche und kulturelle Präferenzen einbezogen. Diese wären für eine Darstellung der Revolte höher zu gewichten als das in engerem Sinne Politische, während zugleich in einem weiteren Sinne diese kulturelle Seite nicht einfach unpolitisch war. Das kurzlebige Nürnberger Underground-Blättchen „Peng" vom März 1968 brachte das ganzheitliche Anliegen ironisch auf den Punkt: „Mann, wir wollen Revolution machen! Was interessiert uns Politik!"

Es ist insofern nur konsequent, die Ausstrahlungen der Revolte auch auf die kommunale Kulturszene in die Betrachtung einzubeziehen. Allerdings lässt sich der Beitrag von Manfred Kittel über das „Frankfurter Modell kommunaler Kulturpolitik" nicht recht in ein Genre einordnen. Er changiert zwischen zeitgeschichtlicher Untersuchung und essayistischer Polemik. Die „Demokratisierung" (in Anführungszeichen) „der Gesellschaft" wird als „eines der zentralen Postulate" der „68er"-Bewegung ausgemacht und dann mit Alfred Dregger schneidig kritisiert, der darauf hingewiesen habe, dass auch die kommunistische Gleichschaltung nach dem Zweiten Weltkrieg „unter dem Tarnbegriff ‚Demokratisierung'" erfolgt sei. Der seit 1970 in Frankfurt amtierende sozialdemokratische Kulturamtsleiter Hilmar Hoffmann fungiert als negativer Held der Durchsetzung eines Anspruchs von Weltverbesserung durch ein auch strukturell demokratisiertes Theater, das letztlich in menschenverachtendem Chaos mündete. Anstatt die kommunalen Auseinandersetzungen mit den Avantgarde-Ansprüchen wirklich zu analysieren, wirkt der Beitrag bis in die Sprache hinein parteilich, wenn etwa vom „Zeitfraß durch die Mitbestimmungsarbeit" gesprochen wird, ein Standardargument von Gegnern einer Demokratisierung in allen gesell-

---

[39] Vgl. Irmela Hannover/Cord Schnibben (Hrsg.), I can't get no: ein paar 68er treffen sich wieder und rechnen ab, Köln 2007; zur antiautoritären Schülerbewegung vgl. Axel Schildt, Nachwuchs für die Rebellion. Die Schülerbewegung der späten 60er Jahre, in: Jürgen Reulecke (Hrsg.), Generationalität und Lebensgeschichte im 20. Jahrhundert, München 2003, S. 229–251.

schaftlichen Bereichen. Dass das „Mitbestimmungsmodell" nach der Solidarisierung „mit einer Theaterbesetzung durch RAF-Sympathisanten"[40] abgebrochen worden sei, passt nicht unerwartet in die Dramaturgie. Die anschließenden Ausführungen über das Historische Museum der Stadt transportieren ähnliche geschichtspolitische Ressentiments. Der Beitrag liegt im Übrigen eher quer zu den Bemühungen, die Bedeutung der „68er"-Bewegung zu verkleinern, hier wird sie im Gegenteil als mächtiger Feind imaginiert.

Besser gelöst scheint mir die Untersuchung der Diffusion von „1968" in dem Beitrag von Elisabeth Zellmer über „Frauenbewegung und Feminismus im München der 1970er Jahre" mit der treffenden Feststellung: „Die neue Frauenbewegung ist ohne ‚1968' nicht denkbar, denn die Revolte offerierte viele Chancen, unmittelbar politisch tätig zu werden."[41] Dass damit nicht im engeren Sinne die „68er"-Bewegung gemeint ist, wird dabei hinreichend deutlich. Interessant ist die bei Wilfried Rudloff entlehnte Bezeichnung (der Feministinnen als) „Thematisierungsagentinnen"[42] für den allgemeinen gesellschaftlichen Wandel, womit ebenso gut wiederum die „68er"-Bewegung beschrieben werden könnte.

3. Zusammenfassende Schlussbewertung

Insgesamt ist zu betonen: Ohne Einbeziehung des jugendgenerationellen und allgemeinen emanzipatorischen Aufbruchsgefühls sind auch die politischen Prozesse im engeren Sinne nicht zu verstehen. Ebenso lassen sich auch ohne diese Einbeziehung die transnationalen Gemeinsamkeiten nicht adäquat erfassen, die Protest-Insignien, Buttons gegen den Vietnamkrieg ebenso wie bestimmte gemeinsame Dresscodes, der Parka oder lange Haare, die verbindende Beat- und Rockmusik und so weiter. Vieles davon wurde aus der angelsächsischen Welt übernommen. „Im Anfang war Amerika", dies meint die amerikanische Bürgerrechtsbewegung ebenso wie die hedonistischen Hippies von Haight-Ashbury[43]. Dies wiederum schuf eine eigentümliche – bis zum Größenwahn reichende – Steigerung des jugendlichen Lebensgefühls, nämlich mit Altersgenossen auf der ganzen Welt für vermeintlich dieselben Ziele verbunden zu sein, jedenfalls als protestierender Student in Hamburg oder Frankfurt mehr gemeinsam zu haben mit den

---

[40] S. 70 des vorliegenden Bandes.
[41] S. 77 des vorliegenden Bandes.
[42] S. 84 des vorliegenden Bandes.
[43] Vgl. Frei, 1968, S. 31 ff.

Kommilitonen in Berkeley oder Ohio als mit dem „Establishment", wie es damals hieß, im eigenen Land.

Die Zukunft schien den Rebellierenden deshalb offen. Dass gerade die radikalen Kerne der Außerparlamentarischen Opposition dagegen oftmals düstere Bedrohungsszenarien durch Notstandsgesetze, das Vordringen der NPD oder eine Verstetigung der Großen Koalition ausmalten, stand damit in einem spannungsreichen Zusammenhang, zeigt aber nur, dass man „1968" nicht auf die kleinen politischen Zirkel reduzieren darf. „For The Times, they are a-changin" von Bob Dylan wurde ebenso zur Hymne wie „Time is on my Side" von den Rolling Stones. Um es sehr allgemein auszudrücken: Viele Jugendliche spürten die Zeit auf ihrer Seite. Aber es handelte sich nicht allein um das selbstgewisse Vordringen einer jungen Generation, sondern diese prägte im Laufe der 1960er Jahre der gesamten Gesellschaft den Stempel auf, wie es zum Beispiel der nun einsetzende Kult der Jugendlichkeit in der Werbung deutlich zum Ausdruck brachte[44]. Nicht die exakte Unterscheidung von Alterskohorten war das Kriterium für Zugehörigkeit, sondern die – pointiert vereinfachte und zugespitzte – Frage, ob man schon zu alt für die Musik der Beatles und Rolling Stones, Grateful Dead und Jefferson Airplane war oder diese goutierte, ebenso wie jugendliche Formen des Protestes – von Sit-Ins in Hörsaalgebäuden bis zu Demonstrationen im Laufschritt als sportlicher Anforderung – Exklusion und Inklusion regelten.

Die sogenannte Studentenrevolte war deshalb ein Kern von „1968", weil innerhalb eines gesamtgesellschaftlichen Trends der Reformbereitschaft die akademische Jugend – und ihr Nachwuchs an den Gymnasien – der Trendsetter war, wie dies anhand zahlreicher zeitgenössischer Umfragen dicht belegt worden ist. Ob es sich um liberale Einstellungen zu Sexualität, Familie und Kindererziehung oder um die Forderung nach mehr politischer Partizipation in allen gesellschaftlichen Teilbereichen handelte, stets wurde ein Altersgefälle und innerhalb des Altersgefälles ein Bildungsgefälle als distinkte Unterscheidung ausgemacht, so dass die Studenten und Oberschüler als Avantgarde erscheinen mussten, die aber – hier gab es einen materiellen Faktor – angesichts der Bildungsexpansion immer mächtiger werden würde. Auch wenn quantitativ erst die 1970er Jahre deren eigentliches Jahrzehnt darstellten, waren auch die Entwicklungen in den 1960er Jahren durch-

---

[44] Vgl. umfassend Detlef Siegfried, Time is on my Side. Konsum und Politik in der westdeutschen Jugendkultur der 60er Jahre, Göttingen ²2008; Detlef Siegfried, Sound der Revolte. Studien zur Kulturrevolution um 1968, Weinheim/München 2008.

aus beeindruckend. Die Zahl der Gymnasiasten verdoppelte sich nahezu auf 1,4 Millionen; überall entstanden die Blaupausen für Reformhochschulen, die um 1970 ihre Pforten öffneten (Bielefeld, Konstanz, Bochum, Trier, Bremen, Duisburg, Essen, Wuppertal, Paderborn, Siegen und einige mehr); die Zahl der Studierenden an Hochschulen stieg von 225 000 auf 336 000, der weibliche Anteil nahm von 26 auf 30 Prozent zu. Allerdings zählte damit auch noch am Ende des Jahrzehnts nur ein kleiner Teil der jeweiligen Jahrgänge zum akademischen Nachwuchs, das Sozialprofil blieb bürgerlich.

Als Gegenposition zur konventionellen, auf die politische Dimension im engeren Sinne konzentrierten Analyse von „1968" ist die Auffassung vertreten worden, diese Zeit sei geradezu als revolutionär zu bezeichnen, aber eben als kulturrevolutionär. Allerdings reproduzierte dies tendenziell den herkömmlichen Gegensatz von Kultur und Politik; wichtig seien Musik, Drogen und Moden gewesen, die politischen Programme, Diskussionen und Losungen hingegen hätten keine andere als eine popkulturelle Bedeutung gehabt[45]. Der Vorschlag, „1968" vor diesem Hintergrund als „Katalysator der Konsumgesellschaft"[46] zu verstehen, bietet sicherlich eine ertragreiche Perspektive für die weitere Forschung. Allerdings muss auch darin stets das in den jeweiligen nationalen Gesellschaften unterschiedlich konstruierte Spannungsverhältnis von politischem Aufbruch – in welcher Kostümierung auch immer – und kultureller Transformation beachtet werden[47].

Das Münchner Projekt betont, dies belegen die bisher vorgelegten Monographien, mit prinzipiell plausiblen Gründen den Einfluss längerer Linien in den gesellschaftlichen Veränderungen gegenüber vorschnellen Annahmen direkter Einflüsse der „68er" Bewegung. Damit folgt es kaum mehr bestrittenen Interpretationen der Zeitgeschichtsforschung. Allerdings verfängt sich die Darstellung durch die geschichtspolitisch induzierte Annahme einer geringen Bedeutung von „1968" und der „68er"-Bewegung, die dafür definitorisch auf den politischen Kern der linken Außerparlamentarischen Opposition

---

[45] Vgl. Arthur Marwick, The Sixties. Cultural Revolution in Britain, France, Italy, and the United States, 1958–1974, Oxford/New York 1998; Siegfried, Sound, S. 21, gibt Hinweise zur weiter zurückreichenden Diskussionslinie der Alternative von politischem Protest und „Kulturrevolution".

[46] Stephan Malinowski/Alexander Sedlmayer, „1968" als Katalysator der Konsumgesellschaft. Performative Regelverstöße, kommerzielle Adaptionen und ihre gegenseitige Durchdringung „1968", in: GuG 32 (2006), S. 238–257.

[47] Vgl. Axel Schildt/Detlef Siegfried (Hrsg.), Between Marx and Coca-Cola. Youth Cultures in Changing European Societies, 1960–1980, New York/Oxford 2006.

reduziert werden muss, gelegentlich in aporetischen Problemen. Eine angemessene Betrachtung von „1968" fordert demgegenüber einen – auf die Akteure in ihren lebensgeschichtlichen Bezügen gerichteten – weiteren Politik- und Kulturbegriff.

Ingrid Gilcher-Holtey
1968 – War da was?

1. Das Projekt „Reform und Revolte" in Resümees

Jede Geschichte hat eine Vorgeschichte. Das Projekt, das in diesem Band von „Zeitgeschichte im Gespräch" zum Abschluss kommt, begann „ausgangs der 1990er Jahre" und damit nur etwas später als das Projekt „Les années 68: événements, cultures politiques et modes de vie" des Institut d'Histoire du Temps Présent (IHTP) in Paris, das im Dezember 1994 seinen ersten „Lettre d'Information" vorlegte. In einem unterschieden sich die beiden Projekte jedoch von Anfang an: in der finanziellen Unterstützung. Trat das Institut d'Histoire du Temps Présent mit einer Forscherequipe an, konnte das Münchener Institut nur Dissertationsstipendien vergeben und musste diese aufgrund von „finanziellen Engpässen" gar noch strecken. Legte die Equipe um Robert Frank im Jahr 2000 ihre ersten Ergebnisse in dem Band „Les années 68. Le temps de la contestation" vor[1], musste die deutsche Öffentlichkeit bis 2011 auf den Abschluss des Münchener Projekts warten. Priorität erlangten, so die erste Schlussfolgerung, die Arbeiten zu „1968" im Rahmen des Münchener Instituts für Zeitgeschichte nicht. Umso mehr Aufmerksamkeit verdienen die Studien, die, unter erschwerten Bedingungen geschrieben, nun als Publikationen vorliegen oder in den nächsten Monaten erscheinen. Welchen Beitrag leisten sie zur Erforschung der „Ereignisse um das Jahr 1968"?

Eine Bilanz zu ziehen, setzt die Klärung des Forschungsinteresses und der Fragestellung voraus. Udo Wengst gibt in seiner Einleitung als Ziel des Projekts die Klärung des Zusammenhangs zwischen Reform und Revolte an, konkret die Frage: „ob die Ereignisse um das Jahr 1968 im Wesentlichen schon die Folge eines früher einsetzenden gesellschaftlichen Wandels waren, der dann in manchen Sektoren von Staat und Gesellschaft eine gewisse Beschleunigung erfuhr, oder ob tatsächlich erst die von ‚1968' ausgehenden Anstöße einen Reformschub bewirkt haben"[2]. Er reklamiert diese Fragestellung als Forschungsdesign des Instituts, in das sich „mit einer gewissen Zeitverzögerung" andere Historiker eingeklinkt hätten. Er nennt die Sam-

---
[1] Geneviève Dreyfus-Armand u. a. (Hrsg.), Les Années 68. Le temps de la contestation, Paris 2000.
[2] Udo Wengst in seiner Einleitung zu diesem Band (S. 8).

melbände von Ulrich Herbert sowie Christina von Hodenberg und Detlef Siegfried[3], nicht aber die Studie des Institut d'Histoire du Temps Présent, das in den 1990er Jahren den französischen „Mai 68" als Epizentrum einer langen Reformphase, der „68er Jahre", untersuchte. Wengst markiert indes die Kontroverse, zu der das Projekt des Münchener Instituts für Zeitgeschichte sich positioniert: die These vom „Zäsur-Charakter" von „1968" einerseits sowie die These vom langen gesamtgesellschaftlichen Liberalisierungsprozess in den 1960er Jahren. Die Bezeichnung „Narrativ" wird in der Einleitung allein auf die Verfechter der Zäsur-These angewandt. Die Auseinandersetzung mit beiden Thesen wird in den Resümees der Teilprojekte des Projekts „Reform und Revolte. Politischer und gesellschaftlicher Wandel in der Bundesrepublik in den 1960er und 1970er Jahren" geführt.

Den Anfang macht Patrick Bernhard, der die APO, den Zivildienst und die sozialliberale Koalition 1969 bis 1982 untersucht und zu dem Ergebnis kommt, dass es keinen Zusammenhang zwischen der „68er"-Protestbewegung und den Veränderungen im Zivildienst um das Jahr 1968 gegeben hat. Die steigende Zahl der Verweigerer sei nicht auf die APO-Kampagne für Kriegsdienstverweigerung zurückzuführen, sondern auf einen Werte- und Einstellungswandel in der Gesellschaft, der sich in den späten 1960er Jahren parallel zur Wohlstandssteigerung und wachsenden staatlichen Daseinsvorsorge vollzogen habe. So sei „offenbar auch ein neues Bewusstsein für die eigene soziale Verantwortung in der Gesellschaft" entstanden[4]. „Offenbar"? Wie und warum der „beispiellose Prosperitätszuwachs nach 1945" ein „verstärktes soziales Engagement" hervorbrachte, wird nicht offenbart. Die These vom Wertewandel, der „stillen Revolution", in der die „68er" nur den „besonders lautstarken Teil" darstellten, wird gesetzt, nicht erläutert oder hinterfragt. Auf politischer Ebene habe der Werte- und Einstellungswandel, so wird argumentiert, keine Entsprechung gefunden. Er sei von der sozialliberalen Koalition nicht aufgegriffen und nicht in eine liberalisierende Reform des Zivildiensts überführt worden. Eine Reform sei erst 1976 eingeleitet worden, allerdings nicht, um den Zivildienst zu liberalisieren, sondern, um ihn, „primär aus Kostengründen", für den Umbau des Sozialstaates zu instrumentalisieren. Der Zivildienst habe teure stationäre durch billigere ambulante Versorgung ersetzen sollen. Bis spät in die 1970er Jahre sei eine

---

[3] Ulrich Herbert (Hrsg.), Wandlungsprozesse in Westdeutschland. Belastung, Integration, Liberalisierung 1945–1980, Göttingen 2002; Christina von Hodenberg/Detlev Siegfried (Hrsg.), Wo „1968" liegt. Reform und Revolte in der Geschichte der Bundesrepublik, Göttingen 2006.
[4] So Patrick Bernhard in seinem Beitrag für diesen Band (S. 20).

restriktive staatliche Zivildienstpolitik zu konstatieren. Daraus folgt: Der Autor lehnt die Zäsur-These und die liberale Wandlungsthese gleichermaßen ab. Weder habe, so seine Argumentation, der Protest der APO zu staatlichen Reformen geführt, noch der gesamtgesellschaftliche Liberalisierungs- und Reformprozess in der Kernphase zwischen 1959 und 1973 eine Liberalisierung im Zivildienst herbeigeführt.

Ebenso entschieden wie Patrick Bernhard setzt sich auch Bastian Hein, der die Entwicklung der Entwicklungshilfe in der Bundesrepublik untersucht, von der Zäsur-These ab. Keineswegs hätten „die 68er", die den Nord-Süd- vor den Ost-West-Konflikt rangierten und zur Auseinandersetzung mit den Problemen der „Dritten Welt" aufriefen, die Entwicklungshilfe vorangebracht. Entscheidend sei vielmehr ein allgemeiner Wertewandel in der Gesellschaft gewesen, der in der zweiten Hälfte der 1960er Jahre Jugendliche der Evangelischen und Katholischen Kirche in die Entwicklungsdienste geführt habe, die als freiwillige Helfer in den Ländern Afrikas, Asiens und Lateinamerikas tätig werden wollten. Weichen habe ferner die Politik des Bundesministeriums für wirtschaftliche Zusammenarbeit gestellt, und zwar bereits unter Minister Hans-Jürgen Wischnewski in der Großen Koalition. Als Erhard Eppler Ende 1968 an die Spitze des Ministeriums getreten und 1969 von der Regierung Brandt-Scheel in seinem Amt bestätigt worden sei, habe in der Entwicklungspolitik – anders als auf dem Gebiet des Zivildiensts – eine reformerische Wende eingesetzt. Indes, von Dauer seien die Reformen des Zivildienstes nicht gewesen. Epplers entwicklungspolitische Konzeptionen seien mit der Ölkrise 1973 in sich zusammengefallen. Initiativen, in seinem Ministerium mehr Mitbestimmung am Arbeitsplatz einzuführen, habe er von Anfang an Grenzen gesteckt. Fazit: keine „Umgründung" der Republik im Entwicklungshilfesektor und auch keine „Fundamentalliberalisierung" der Republik durch die „Dritte-Welt-Bewegung".

Anne Rohstock stimmt in diesen Chor ein. Sie hat die Bedeutung der „68er"-Protestbewegung für die westdeutsche Hochschulpolitik in Bayern und Hessen untersucht und kommt zu dem Schluss, dass die Rolle der Studentenbewegung im hochschulpolitischen Aufbruch geringer sei als bisher angenommen. Statt den Veränderungsprozess der Gesellschaft selbständig voranzutreiben, sei „1968" von anderen sozialen Gruppen für die Gestaltung des Wandels vereinnahmt worden. Der Paradigmenwechsel von der Bildung zur Ausbildung sei durch lokale Persistenz der traditionellen deutschen Bildungsidee und ihre Verfechter gestoppt worden. Mit Blick auf den Hochschulbereich sei es fraglich, ob die „1960er Jahre" tatsächlich eine Sonderstellung in der Geschichte der Bundesrepublik einnähmen, wie von der

Zeitgeschichte häufig konstatiert werde[5]. Auch Anne Rohstock fegt mithin die Zäsur-These und die langfristige Liberalisierungsthese für ihren Untersuchungsbereich vom Tisch.

Manfred Kittel, der Anspruch und Wirklichkeit einer „Demokratisierung" der Gesellschaft am Beispiel der Frankfurter kommunalen Kulturpolitik untersucht, kommt zu dem Ergebnis, dass das „Demokratisierungspostulat" der „1968er"-Zeit in Frankfurt sowohl im Theater als auch im Museum scheiterte. An den Städtischen Bühnen, die ein umfassendes Mitbestimmungsmodell erlangten, seien die Erwartungen enttäuscht worden, weil sie sich auf einen Bereich konzentrierten, der, wie Kittel unter Rückgriff auf Hermann Lübbe argumentiert, nicht zur Disposition von Mehrheitsentscheidungen gestellt werden könne. Am Frankfurter Stadtmuseum sei die Demokratisierung gescheitert, da das geplante „Museum der demokratischen Gesellschaft" zu einer die Gesellschaft spaltenden „geschichtspolitischen Fundamentalideologisierung" geführt habe[6]. Fazit: „Fundamentalideologisierung" statt „Fundamentalliberalisierung" auf der Ebene der kommunalen Museumspolitik, so lässt sich sein Einwand gegen die These vom langfristigen demokratisch-liberalen Wandlungsprozess in den 1960er Jahren zusammenfassen. Zur Zäsur-These äußert er sich explizit nicht. Er schreibt aber, dass die Gruppe von Museumsleuten, die für das Projekt verantwortlich waren, sich an den „Ideen von ‚1968'" orientierte. Das Scheitern beider Experimente, so ließe sich folgern, hebelt die Zäsur-These aus.

Erfolg, nicht Scheitern steht im Zentrum des Beitrages von Elisabeth Zellmer, die die Rolle von „1968" bei der Entstehung der neuen Frauenbewegung in München untersucht. Deren Entwicklung lasse sich, so ihre These, nicht allein „aus der Unruhe" am Ende der 1960er Jahre erklären, sondern hänge auch „mit den grundlegenden Wandlungserscheinungen der Zeit" zusammen (Ablösung der Industrie- durch die Dienstleistungsgesellschaft, zunehmende Erwerbstätigkeit von Frauen, Bildungsexpansion und mit ihr die Erschließung von neuen Wissensfeldern)[7]. Was die Wirkung der neuen Frauenbewegung anbelangt, so argumentiert sie, dass diese „weniger eine innovative politische Kraft sui generis" gewesen sei, sondern eher „Komplement und Korrektiv etablierter Institutionen"[8]. Das politische System habe gezeigt, dass es „in der Lage war, feministische Positionen bis zu einem gewissen Grad zu integrieren". Elisabeth Zellmers Fazit lautet daher, dass die

---

[5] So Anne Rohstock in ihrem Beitrag für diesen Band (S. 59).
[6] So Manfred Kittel in seinem Beitrag für diesen Band (S. 73).
[7] So Elisabeth Zellmer in ihrem Beitrag für diesen Band (S. 79 f.).
[8] Ebenda, S. 85.

Repräsentantinnen der Neuen Frauenbewegung sich in einen längerfristigen Werte- und Mentalitätswandel einreihten und ihn dadurch bestärkten. Die These einer „Fundamentalliberalisierung" der Republik „durch den Bewegungsaktivismus" [der Frauenbewegung] hingegen lehnt sie entschieden ab.

Fazit: Kein Zweifel, die Positionierung zur Forschungskontroverse fällt eindeutig aus. Vier der fünf Autoren dieses Bandes sprechen sich sowohl gegen die Zäsur-These als auch gegen die These vom langen Liberalisierungsprozess der 1960er Jahre aus, nur eine Autorin bekräftigt mit ihren Ergebnissen die These vom gesamtgesellschaftlichen Wandlungsprozess in Richtung Liberalisierung der Republik in den 1960er Jahren. Indes, was folgt daraus? Was sagt dies aus? Was bleibt von „1968", wenn es kein Reformschub war und auch kein Teil eines langen Reformprozesses? Bleibt dann lediglich in leichter Abwandlung eines Gedichts von Hans Magnus Enzensberger zu folgern: „Widerstandslos, im großen und ganzen, haben sie sich selbst verschluckt, die 68er und die 68er Jahre"[9]? Anders formuliert: „1968" – War da was?

2. Nachfragen, Nach-Gedanken und partieller Widerspruch

Erstens: Das Projekt „Reform und Revolte. Politischer und gesellschaftlicher Wandel in der Bundesrepublik in den 1960er und 1970er Jahren" untersucht die Wirkungen von „1968" ohne hinreichend zu bestimmen und transparent zu machen, was unter „1968" verstanden und gefasst wird. Es untersucht Zusammenhänge, ohne das soziale Phänomen zu bestimmen, dem Wirkungen zugeschrieben werden beziehungsweise dessen Einfluss auf die politische und kulturelle Entwicklung bestritten wird. So wird „1968" umschrieben mit den Worten: „68er" (Wengst) „Studentenrevolte" (Wengst/Rohstock), „Außerparlamentarische Opposition" (Wengst, Bernhard), „APO-Kampagne für Kriegsdienstverweigerung" (Bernhard), „68er"- Bewegung (Kittel), „68er"- Revolte (Bernhard), „68er"-Zeit (Kittel), „Ideen von ‚1968'" (Kittel, Bernhard) oder, last but not least, charakterisiert unter Verweis auf einzelne „Trägergruppen des studentischen Protestes" – vom Gewerkschaftlichen Arbeitskreis der Studenten über den Sozialistischen Deutschen Studentenbund, den Sozialdemokratischen Hochschulbund bis zum Liberalen Studentenbund Deutschlands (Zellmer). Die kognitive Orientierung der Trägergruppen der Proteste und der Protestbewegung (gleichviel, ob Studentenbewegung oder APO)

---

[9] Im Original heißt es: „Widerstandslos, im großen und ganzen, haben sie sich selber verschluckt, die siebziger Jahre"; Hans Magnus Enzensberger, Andenken, in: ders., Gedichte 1950–1995, Frankfurt a.M. 1996, S. 108.

wird nicht explizit gemacht, die Sinnstruktur der „Ideen von ‚1968'" nicht systematisch entfaltet, sondern allenfalls unter einen Begriff der 1970er Jahre subsumiert: „Demokratisierungspostulat".

Zweitens: Es werden, um die Wirkungen von „1968" zu analysieren, Themenfelder auf unterschiedlichen politischen Ebenen gewählt: auf Bundes- (Zivildienst, Entwicklungspolitik), Landes- (Hochschulreform und Hochschulrevolte) und kommunaler Ebene (Kulturpolitik in Frankfurt am Main, Frauenbewegung in München). Bleibt die Frage nach dem erkenntnisleitenden Interesse und den Auswahlkriterien. Warum wurden diese politischen Arenen gewählt und nicht Organisationen (wie etwa die Katholische Kirche, die Evangelische Kirche, die Bundeswehr, die Parteien und Gewerkschaften und andere) oder Felder (wie das literarische, juristische oder politische Feld et cetera)? Welche Kriterien lenkten die Wahl auf die einzelnen Themenfelder? Warum bezog das Projekt, wenn es qua Finanzlage nur fünf Felder abstecken konnte, mit dem Zivildienst ein Themenfeld ein, auf dem keine Reforminitiativen seitens der Protestbewegung formuliert wurden? Und warum wählte es die Entwicklungshilfe, wenn „Zerschlagt die Entwicklungshilfe"[10] ein Slogan des SDS war?

Drittens: Um „1968" in die Geschichte der Bundesrepublik einzuordnen, greift das Projekt „Reform und Revolte" den von Ulrich Herbert in die Diskussion gebrachten Begriff der „Fundamentalliberalisierung" auf, von dem es sich im Ergebnis abgrenzt, ohne ihn jedoch definiert oder das dahinter liegende Modernisierungskonzept dekonstruiert zu haben. Geht man davon aus, dass das Projekt „Reform und Revolte" in Deutungskämpfe eingreift, die innerhalb der Zeitgeschichte um die Rolle und Funktion von „1968" in der Geschichte der deutschen Nachkriegsgesellschaft geführt werden, gilt es, die Prämissen der Fundamentalliberalisierungsthese knapp zu skizzieren.

Die These vom gesamtgesellschaftlichen Wandlungs-, sprich Liberalisierungsprozess der 1960er Jahre geht von der Annahme aus, dass in diesem Jahrzehnt ein Prozess der Modernisierung zum Abschluss gekommen sei, der um die Jahrhundertwende begonnen habe. Implizit richtet sie sich gegen den „Mythos 68", explizit auch gegen Monographien und Gesamtdarstellungen zur Geschichte der Nachkriegszeit, die „1968" als eine zweite „intellektuelle" nach „der ersten institutionellen Staatsgründung"[11] in der

---

[10] Bastian Hein, Die Westdeutschen und die Dritte Welt. Entwicklungspolitik und Entwicklungsdienste zwischen Reform und Revolte 1959–1974, München 2006, S. 305.
[11] Clemens Albrecht u. a. (Hrsg.), Die intellektuelle Gründung der Bundesrepublik. Eine Wirkungsgeschichte der Frankfurter Schule, Frankfurt a. M. 1999, S. 20.

Bundesrepublik beschreiben oder von einer „Umgründung der Republik"[12] sprechen. Mit dem Begriff „Modernisierung" werden wirtschaftlich-technische, politische, soziale, ökonomische Modernisierung sowie die Modernisierung der Lebensweisen und -normen gefasst. Modernisierung gehe, so die Hypothese, mit Liberalisierungsbestrebungen (Abbau autoritärer, obrigkeitsstaatlicher Strukturen sowie Wandel privater Lebensweisen) einher, die seit Ende der 1950er und verstärkt in den 1960er Jahren in Gang gekommen seien. Drei Generationen insgesamt seien an diesen Wandlungsprozessen beteiligt, zwei davon prägend für das Jahrzehnt der 1960er Jahre: die „45er" oder die sogenannte „Flakhelfergeneration" und die „68er", wobei den „45ern" die Vorreiterrolle zugeschrieben, die „68er" eher als „Epigonen" und „fellow travellers" eingestuft werden[13].

Dieses Konzept, man könnte es auch Narrativ nennen, greift mit seiner zentralen Kategorie auf einen Begriff von Jürgen Habermas zurück, gibt diesem jedoch einen anderen „drive", eine andere Stoßrichtung. Denn für Habermas sind die „68er" (die er übrigens in zwei Generationen unterteilt) keineswegs Epigonen. Die Revolte der „68er" war, so seine These, „für die politische Kultur der Bundesrepublik ein Einschnitt, in den heilsamen Folgen nur übertroffen von der Befreiung vom NS-Regime durch die Alliierten". So konstatierte er 1988: „Was 1945 für die Umwälzung unseres Verfassungszustandes bedeutet hat, bedeutet 1968 für einen aufgelockerten Zustand der politischen Kultur, für eine sich erst heute auswirkende Liberalisierung in den Lebens- und Umgangsformen." Und das hieß für ihn konkret: „Ohne den damals ausgelösten Einstellungsdruck hätten wir heute keine Grünen, keine scenes in den Großstädten, kein Bewußtsein davon, daß subkulturelle und ethnische Vielfalt unsere stromlinienförmige Kultur bereichert – wir hätten nicht das Maß an Urbanität, das sich allmählich herstellt, vermutlich hätten wir eine geringere Sensibilität der Regierenden gegenüber Stimmungslagen der Bevölkerung, vielleicht hätten wir in der CDU keinen sogenannten liberalen Flügel."[14]

---

[12] Manfred Görtemaker, Geschichte der Bundesrepublik Deutschland, München 1999, S. 475.
[13] Vgl. dazu Ulrich Herbert, Liberalisierung als Lernprozess. Die Bundesrepublik in der deutschen Geschichte – eine Skizze, in: ders. (Hrsg.), Wandlungsprozesse in Westdeutschland. Belastung, Integration, Liberalisierung 1945–1980, Göttingen 2002, S. 7–52, hier S. 45.
[14] Jürgen Habermas, Interview mit Angelo Bolaffi, in: Jürgen Habermas, Die nachholende Revolution. Kleine politische Schriften VII, Frankfurt a. M. 1990, S. 21–28, hier S. 28.

110 Ingrid Gilcher-Holtey

Ein Bezug auf das Interview mit Angelo Bolaffi, aus dem diese Zitate stammen, findet sich in Ulrich Herberts Beitrag „Liberalisierung als Lernprozess" nicht. Er gibt als Referenz ein Habermas-Interview aus demselben Jahr (1988) mit Rainer Erd in der „Frankfurter Rundschau" an. In diesem Interview antwortete Habermas auf die Frage „Was ist von der Studentenbewegung geblieben?" mit den Worten: „Frau Süssmuth." Und er fügte hinzu, „daß diese Ministerin ihr Ressort um Frauenfragen erweitert und die traditionelle Familien- und Jugendpolitik wenigstens in der Außendarstellung mit bemerkenswerten Akzenten versehen hat, ist Symptom einer Grenzverschiebung"[15]. Welcher Grenzverschiebung? Das Konzept vom langen Wandlungs-, sprich Liberalisierungsprozess erwähnt diese nicht: „Seit 1968 haben sich", heißt es dazu im Habermas-Interview in der „Frankfurter Rundschau", die „Definitionen des Politischen verändert. Manches von dem, was früher stillschweigend in die Privatsphäre gehörte, wird heute als eine politische Selbstverständlichkeit behandelt – zum Beispiel die Beziehungen zwischen den Geschlechtern (,Gewalt in der Ehe') oder der Status der Haus- oder Erziehungsarbeit, Themen der Kindererziehung usw." Anknüpfungspunkte zur Umschreibung des Wandlungsprozesses findet Ulrich Herbert vielmehr in zwei Aufsätzen von Hans-Peter Schwarz[16], der gegen die Restaurationsthese in Bezug auf die Adenauer Ära Front macht und hofft, dass sich „kühle und kritische Köpfe der in Umlauf gesetzten Legenden annehmen"[17].

Das Münchener Projekt „Reform und Revolte" äußert sich weder zu Habermas' Zeitdiagnose, obwohl es, wie dieser, die Ereignisse von 1968 mit dem Begriff der „Revolte" charakterisiert, noch macht es den Gegensatz zwischen dem Zeitzeugen Habermas und dem zeithistorischen Narrativ transparent, das dessen Grundbegriff entwendet und verfremdet. Löst das Münchener Projekt – aller Zurückhaltung in Bezug auf die Offenlegung

---

[15] Jürgen Habermas, Der Marsch durch die Institutionen hat auch die CDU erreicht. Der Frankfurter Philosoph und Soziologe Jürgen Habermas im Gespräch mit Rainer Erd über die politische Kultur in der Bundesrepublik Deutschland nach 1968, in: Frankfurter Rundschau vom 11.3.1988. S.11; das folgende Zitat findet sich ebenda.
[16] Vgl. Hans-Peter Schwarz, Modernisierung oder Restauration? Einige Vorfragen zur künftigen Sozialgeschichtsforschung über die Ära Adenauer, in: Kurt Düwell/Wolfgang Köllmann (Hrsg.), Vom Ende der Weimarer Republik bis zum Land Nordrhein-Westfalen, Wuppertal 1986, S.278–293; Hans-Peter Schwarz, Die ausgebliebene Katastrophe. Eine Problemskizze zur Geschichte der Bundesrepublik, in: Hermann Rudolph (Hrsg.), Den Staat Denken. Theodor Eschenburg zum Fünfundachtzigsten, Berlin 1990, S.151–174.
[17] Schwarz, Modernisierung oder Restauration, S.283.

von Forschungshypothesen, Begriffen und Methoden zum Trotz – dennoch seinen Anspruch ein, das Verhältnis von Reform und Revolte zu erklären, oder reicht es ihm, wie die Gruppe Rolling Stones vorzugehen und Forschungsthesen mit schwarzer Farbe zu überziehen, nach dem Motto: „I see a red door / and I want it painted black / no colors anymore / I want them turn to black?" Anders und damit nicht „verpoppt" gefragt: Welche Erkenntnisse lassen sich hinsichtlich des Zusammenhangs von Reform und Revolte aus dem Münchener Projekt ableiten, wenn man einmal davon absieht, dass es mit seinen fünf Teilprojekten, wie die Resümees demonstrieren, zwei Forschungsthesen gleichsam wie Tontauben ins Visier nimmt und trifft?

Das Projekt des Instituts für Zeitgeschichte untersucht, um den Zusammenhang zwischen Reform und Revolte „auszuloten", auf fünf Themenfeldern und drei politischen Ebenen die Wechselwirkung zwischen gesellschaftlichem Wandel und Bundes-, Landes- sowie Kommunalpolitik. Es legt dabei einen Schwerpunkt auf politische Entscheidungsprozesse, die Institutionen betreffen (Zivildienst, Entwicklungsdienste, Hochschulen, Theater, Museen). Versteht man Institutionen als kulturelle Vermittlungsinstanzen zwischen Sozialstruktur und Sinnproduktion, wählt es Scharnierstellen, an denen die Konkurrenz, Selektion, Durchsetzung sowie das Scheitern von Reforminitiativen exemplarisch studiert werden können. Durch die Perspektive der Entfaltung von Reforminitiativen, ihres Widerstreits, ihrer gesetzlichen Implementierung, geglückten oder gescheiterten Institutionalisierung bringen die Fallstudien Machtkämpfe in den politischen Parteien, Institutionenkämpfe, Institutionenwandel, aber auch die Resistenz von Institutionen gegenüber Reformen ans Licht. Hierin liegen die herausragenden Leistungen des Projekts und seine Innovation für die zeitgeschichtliche Forschung. Wendet man sich der Rolle zu, die in den Fallstudien dem Phänomen „1968" zugewiesen wird, tritt, aus meiner Sicht, ein Widerspruch zwischen den zu Tage geförderten Ergebnissen der Einzeluntersuchungen und ihrer Bewertung, man könnte auch sagen: ihrer werturteilsgeladenen Gewichtung, hervor.

Viertens: Die Forschungsergebnisse veranschaulichen und bekräftigen, so meine These, Hypothesen der Sozialen Bewegungsforschung zur Wirkungschance sozialer Bewegungen. So demonstrieren die Studien zur Entwicklung des Zivildiensts, der Entwicklungshilfe und Hochschulpolitik, aber auch zur Frauenbewegung in München und Kulturpolitik in Frankfurt anschaulich die Hypothese, dass soziale Bewegungen Streitpunkte und Konflikte artikulieren, die zur Ressource nicht nur für die Protestbewegung, sondern auch für ihre Opponenten auf Seiten des Staates werden können[18]. In der Sprache der Theorien der Gelegenheitsstrukturen formuliert: Soziale Bewegungen, in ihrer Entstehungsphase durch „politische Gelegenheiten" („political opportunities") geprägt, schaffen zugleich im Verlauf ihrer Entwicklung politische Gelegenheiten, und zwar nicht nur für sich, sondern auch für andere. So bringt die Mobilisierungsdynamik der Bewegung „politische Gelegenheiten" hervor, auf die Eliten im Staat reagieren, in dem sie, unter Handlungsdruck geraten, entweder Impulse der Bewegungen aufnehmen, oder aber, die Gunst der Gelegenheit nutzend, eigene Pläne und Konzeptionen lancieren, um Veränderungen einzuleiten. Das Münchener Projekt „Reform und Revolte" greift solche Fälle auf. Aus der Sicht der Bewegungsforschung ist die Bestimmung des Einflusses sozialer Bewegungen auf politische Entwicklungen schwierig. Handelt es sich doch vielfach um Übernahmen von ausgewählten und dabei veränderten Impulsen aus der Wert- und Zielorientierung der Bewegung durch politische Parteien oder Institutionen, so dass eine direkte Zuschreibung von Wirkungen auf die Protestbewegung unmöglich ist. Die analytische Komplexität steigert sich, wenn innerhalb der politischen Apparate konkurrierende Lager be- oder entstehen, die den Einfluss der neuen Impulse zu dämmen, zu konterkarieren oder auf eigene Vorstellungen umzuleiten versuchen. So endet der große Aufbruch einer Protestbewegung, wenn überhaupt, zumeist in kleinen Reformen. „The structure of politics through which movement demands are processed forces them into a common crucible from which modest reforms are the most likely of struggle"[19], lautet eine These der Bewegungsforschung, Mit anderen Worten „bescheidene Reformen", nicht Revolution oder Umbruch markieren die Wirkungen sozialer Bewegungen.

Der Bielefelder Soziologe Otthein Rammstedt spricht sogar vom „Versagenmüssen" sozialer Bewegungen – gemessen an ihren Zielen – und argumentiert, dass das Versagen „weniger einen Vorwurf an die, die sich der Bewegung anschließen, enthält; ihnen bliebe als Alternative ja nur politische, soziale Apathie bzw. sozialer Defätismus". Die Gründe für das „Versagenmüssen" sind, aus seiner Sicht, eher auf Seiten des Systems zu suchen[20]. „Das System", so argumentiert die Symbolfigur der amerikanischen „68er"-Bewegung, Tom Hayden, „stiehlt die Idee"[21] und vermag sie, wie Luc Bol-

---

[18] Vgl. Sidney Taylor, Power in Movement. Social Movements, Collective Action and Politics, Cambridge 1994, S. 81 ff.
[19] Ebenda, S. 170.
[20] Otthein Rammstedt, Soziale Bewegungen, Frankfurt a. M. 1978, S. 215.
[21] Vgl. Ingrid Gilcher-Holtey, 1968 – Eine Zeitreise, Frankfurt a. M. 2008, S. 212 ff.

tanski und Eve Chiapello in ihrer Studie „Der neue Geist des Kapitalismus" am Beispiel der Forderung nach „autogestion" gezeigt haben, zu verwandeln. Gedacht als Mittel der Demokratisierung und Dezentralisierung, wurde „autogestion" (Selbstverwaltung), die Leitidee der Mai-Bewegung, von den französischen Arbeitgebern in Reaktion auf die Rezession 1973/74 zur Flexibilisierung der internen Betriebsstrukturen eingesetzt. Anders ausgedrückt war es das Ziel der „autogestion", die Mobilität und Anpassungsfähigkeit der Betriebe zu erhöhen. Den Arbeitnehmern seien dergestalt, so die These von Boltanski und Chiapello, mehr Autonomie am Arbeitsplatz im Tausch für den Abbau von Arbeitsplatzsicherheitsgarantien und standardisierten Schutzbestimmungen geboten worden[22].

Das Münchener Projekt „Reform und Revolte" hat die Veränderungen im Blick, die sich im Prozess der Diffusion von Ideen einstellen können. So kommt Anne Rohstock, die Hochschulpolitik in Bayern und Hessen untersuchend, zu dem Fazit: „Bedeutung erlangte ‚1968' im Hochschulbereich vor allem als willfähriger Spielball ungleich mächtigerer Akteure, die die Revolte geschickt zur Durchsetzung oder Abwehr von Neuordnungsmaßnahmen benutzten. Statt eine aktive Rolle im Veränderungsprozess der Gesellschaft einzunehmen, wurde ‚1968' von anderen gesellschaftlichen Gruppen für die Gestaltung von Veränderungsprozessen vereinnahmt."[23] Rohstock wertet als „Versagen" von „1968", was, folgt man der Bewegungsforschung, zu den Grundelementen sozialer Bewegungen gehört. Denn: Soziale Bewegungen definieren neue „issues" und führen diese in die Debatte ein. Sie artikulieren und vermitteln gesellschaftliche Widersprüche, bedürfen aber, um wirksam zu werden, weiterer Vermittlung durch andere politische Akteure (z. B. Parteien und Verbände). Soziale Bewegungen können daher aus sich heraus den von ihnen erstrebten Wandel nur selten allein realisieren.

„Soziale Bewegungen sind", folgt man Rammstedt, „keine Revolten oder Revolutionen, in denen es, sind die Parteiungen offenkundig geworden, zum Kampf um die Herrschaft kommt"[24]. Soziale Bewegungen sind vielmehr ein Prozess des Protestes, an dessen Ende nach einer langen Reihe sich steigernder Aktionen der Kampf um die politische Macht stehen kann, aber keineswegs stehen muss. Ein erfolgreicher Kampf um die politische

---

[22] Vgl. Luc Boltanski/Eve Chiapello, Der neue Geist des Kapitalismus, Konstanz 2003.
[23] Anne Rohstock, Von der „Ordinarienuniversität" zur „Revolutionszentrale"? Hochschulreform und Hochschulrevolte in Bayern und Hessen 1957–1976, München 2010, S. 415.
[24] Rammstedt, Soziale Bewegungen, S. 129.

Macht, die Machtübernahme durch die soziale Bewegung wäre die Revolution. Indes, soziale Bewegungen bleiben in der Regel weit unterhalb dieser Schwelle. Sie zeigen Konflikte in der Gesellschaft auf, nehmen Agenda-Setting vor und, worauf es mir besonders ankommt, stimulieren die De- und Rekonstruktion von Denk-, Wahrnehmungs- und Klassifikationsschemata.

Politisch werden können soziale Bewegungen bereits, wenn es ihnen gelingt, Kommunikationsprozesse über Fragen anzustoßen, die sie selbst als dringlich einstufen, von den etablierten Institutionen aber vernachlässigt werden. So gelang es der aus kirchlichen Jugendorganisationen hervorgegangenen Freiburger „Aktion Dritte Welt", am 18. November 1968 in der Freiburger Stadthalle 4000 Zuhörer zu einer Podiumsdiskussion mit Bahman Nirumand, Jürgen Horlemann, Günter Grass, Ernst Bloch, dem amtierenden Bundesminister für wirtschaftliche Zusammenarbeit, Erhard Eppler, sowie dem entwicklungspolitischen Sprecher der CDU, Walther Leisler Kiep, zusammen zu bringen[25]. Da das Münchener Projekt von einem traditionellen Politikbegriff ausgeht, entfaltet Bastian Hein das Politische, das in der Kommunikation heterogener Akteure über das „Sag- und Machbare" auf dem Gebiet der Entwicklungshilfe liegt, nicht. Er benutzt das Beispiel lediglich, um den Gegensatz zwischen radikalen und reformerischen Kräften in der „Dritte-Welt-Bewegung" herauszuarbeiten, die kirchlichen Jugendverbände vom SDS abzugrenzen, obwohl mit Horlemann und Nirumand je ein Vertreter des SDS sowie der mit diesem kooperierenden CISNU[26] an der Diskussion in der Freiburger Stadthalle beteiligt waren. Das „Kursbuch" als Forum der Außerparlamentarischen Opposition gerade für Fragen, die die „Dritte Welt" betreffen, klammert seine Studie leider aus[27]. Dem SDS habe die „Dritte Welt", so Bastian Hein, lediglich eine „Projektionsfläche für weltrevolutionäre Träume" geboten. Er folgt damit der Bewertung Gerd Koenens[28]. Einen Versuch, den aufkeimenden Diskurs über die Mitverantwortung der Ersten am Leiden der „Dritten Welt", mit Hannah Arendt als „politics of pity" oder Luc Boltanski als „la souffrance à distance" auszuloten, unternimmt er nicht[29].

---

[25] Vgl. Hein, Dritte Welt, S. 143.
[26] Conföderation Iranischer Studenten-Nationalunion.
[27] Vgl. dazu Henning Marmulla, Enzensbergers Kursbuch. Eine Zeitschrift um 1968, Berlin 2011.
[28] Vgl. Gerd Koenen, Das rote Jahrzehnt. Unsere kleine deutsche Kulturrevolution 1967–1977, Köln 2001.
[29] Hannah Arendt, Über die Revolution, München 1974; Luc Boltanski, Distant Suffering. Morality, Media and Politics, Cambridge 1999.

Versucht man ein Fazit zu ziehen, lässt sich sagen: Die fünf Teilprojekte des Münchener Projekts „Reform und Revolte" rekonstruieren in historisch-empirischen Fallanalysen die Vermittlung von Ideen, Impulsen und Handlungsmaximen der „68er"-Bewegung durch „andere Akteure" (Parteien, Verbände, Stadträte, Parlamente et cetera) auf Bundes-, Landes oder kommunaler Ebene. Sie sprechen jedoch, indem sie dies tun, der „68er"-Bewegung eine Wirkung ab (painted black). Sie ziehen eine Bilanz der Wirkungen, ohne die Zurechnungsfrage (Max Weber) zu stellen. Legt man die Kriterien der Bewegungsforschung an, untersuchen sie Wirkungen, Echos und Effekte sozialer Bewegungen, ohne jedoch die Problematik der Wirkungsanalyse theoretisch-methodisch zu reflektieren. So gehen die Teilprojekte als „Yellow Submarines" vom Stapel.

Dies hat einen Grund auch darin, dass das Projekt das soziale Phänomen „1968" nur zum Teil als soziale Bewegung identifiziert und sich, sieht man von der Studie von Elisabeth Zellmer ab, nur an einigen Stellen auf Begriffe und Hypothesen der Sozialen Bewegungsforschung beruft. Zellmers Studie differenziert daher deutlicher als die anderen die Mechanismen der Wirkungsmächtigkeit der von ihr untersuchten Münchener Frauengruppen und -initiativen. So konstatiert sie beispielsweise, dass diese sich mit ihrer „basisdemokratischen Ausgerichtetheit" nur zum Teil Gehör zu verschaffen vermochten und daher auf die bestehenden Frauenverbände und Parteien angewiesen waren, wenn sie ihre frauenzentrierten Anliegen „in politische Kanäle" einspeisen wollten. Grundsätzlich gilt jedoch für den Ansatz, den das Münchener Institut verfolgt, dass die Wirkungen der Proteste auf der Ebene politischer Entscheidungsprozesse ins Visier genommen werden und für die empirischen Ergebnisse der Teilstudien die Anschlussfähigkeit an die Soziale Bewegungsforschung gegeben ist[30].

Fünftens: Analytisch definiert sind „soziale Bewegungen" „ein auf gewisse Dauer gestelltes und durch eine kollektive Identität abgestütztes Netzwerk von Gruppen und Organisationen, die sozialen Wandel mittels öffentlichen Protests herbeiführen, verhindern oder rückgängig machen wollen"[31].

---

[30] Vgl. dazu etwa die Studie von Sidney Tarrow, Social Protest and Policy Reform: May 1968 and the Loi d'Orientation in France, in: Comparative Political Studies 25 (1993), S. 579–607.
[31] Friedhelm Neidhardt/Dieter Rucht, The Analyses of Social Movements: The State of the Art and some Perspectives of further Research, in: Dieter Rucht (Hrsg.), Research on Social Movements: The State of the Art in Europe and the USA, Frankfurt a.M. 1991, S. 421–464, hier S. 450; vgl. auch Roland Roth (Hrsg.), Die sozialen Bewegungen in Deutschland seit 1945. Ein Handbuch, Frankfurt a.M. 2008, S. 13.

Unter sozialem Wandel als analytischer Kategorie wird die Veränderung grundlegender sozialer, ökonomischer, kultureller oder mentaler Strukturen verstanden. Um sie herbeizuführen, sind soziale Bewegungen gezwungen, sich aus der Aktion zu formieren. Sie unterscheiden sich insofern von institutionalisierten Formen des Protests, artikuliert und durchgeführt von intermediären Verbänden (Parteien, Gewerkschaften) sowie von eruptiven Protesten (Aufruhr, Krawall, Tumult), von ersteren durch ihren geringeren Grad an Organisation, von letzteren durch die Konituität ihrer Mobilisierung.

Das zeithistorische Narrativ von der „Fundamentalliberalisierung" der Bundesrepublik in den langen 1960er Jahren (1959 bis 1973) setzt auf Generationen als Faktoren im gesamtgesellschaftlichen Wandlungsprozess. So geht es zwar auf die „68er", nicht aber auf die „68er"-Bewegung ein. Es blendet damit einen sozialen Akteurstypus aus der Geschichte der Bundesrepublik aus, der charakteristisch für die Nachkriegsgesellschaft ist. Die Bundesrepublik Deutschland ist als „Bewegungsgesellschaft" bezeichnet worden. Niklas Luhmann hat der „alten Bundesrepublik" gar die „Gewohnheit des Protestierens" attestiert[32]. Auf drei Generationen als Agenten der Modernisierung setzend, exkludiert dieses zeithistorische Narrativ zudem einen kollektiven Akteurstypus, der in der Tradition einer Modernisierung steht, die lange vor der Jahrhundertwende begann. Die „Neue Linke", die weltweit die kognitive Orientierung der „68er"-Bewegungen prägte, schrieb sich in die Tradition des Sozialismus, Anarchismus und der Arbeiterbewegung ein. Der Generationsansatz deckt diese sozialistischen Wurzeln zu, so dass auch hier die Rolling-Stones-Maxime durchklingt: „I see a red door / and I want it painted black / no colors anymore / I want them turn to black."

Das Münchener Projekt „Reform und Revolte" folgt dem Generationsansatz nicht. Es braucht ihn nicht. Es untersucht Wandlungsprozesse über die Analyse politischer Entscheidungsprozesse auf kommunaler, regionaler und nationaler Ebene. Differenziert man, dem Ansatz einer Neuen Politikgeschichte folgend[33], zwischen Politik und dem Politischen, klammert das Münchener Projekt eine zentrale Wirkungsebene und somit zahlreiche Echos und Konsequenzen der „68er"-Bewegung aus. Folgt man Pierre

---

[32] Niklas Luhmann, Immer noch Bundesrepublik? Das Erbe und die Zukunft, in: Otthein Rammstedt/Gert Schmidt (Hrsg.), BRD ade! Vierzig Jahre in Rück-Ansichten, Frankfurt a. M. 1992, S. 95–101, hier S. 97 und S. 99.
[33] Vgl. dazu das Konzept des Bielefelder Sonderforschungsbereichs 584 „Das Politische als Kommunikationsraum in der Geschichte" und dessen Teilprojekt „1968" – Ein Kommunikationsereignis", http://www.uni-bielefeld.de/geschichte/forschung/sfb584/ (Stand 31. 1. 2011).

Bourdieu, beginnt das Politische dort, wo Akteure herrschende Wahrnehmungs- und Klassifikationsschemata in Frage stellen und durch subversive oder performative Diskurse Zeichen setzen, welche eine Aufkündigung des stillschweigenden Einverständnisses mit der bestehenden Ordnung signalisieren, Situationen oder Ereignisse redefinieren, alternative Bezugswerte oder Leitideen formulieren und damit der etablierten Ordnung eine mögliche andere Ordnungskonzeption entgegensetzen[34]. Dahinter steht die Prämisse, dass die Möglichkeit, die Welt zu verändern, an die Veränderung der Vorstellung von der Welt, der Subversion und Konversion der Weltsicht geknüpft ist.

Die „Neue Linke", die die kognitive Orientierung der „68er"-Bewegung transnational prägte, verfügte über Vorstellungen einer „anderen" Gesellschaft und stellte alternative Bezugswerte bereit. Sie erstrebte nicht die Eroberung der Macht, sondern die Veränderung der Machtverhältnisse, Autoritätsstrukturen und Hierarchien in allen gesellschaftlichen Bereichen durch: „participatory democracy", „autogestion", Mitbestimmung, Selbstverwaltung. Die „Neue Linke" war antiautoritär und antihierarchisch. Veränderungen im kulturellen Bereich, so ihre Prämisse, mussten der sozialen und politischen Transformation vorausgehen, neue Kommunikations- und Lebensformen antizipatorisch und experimentell entfaltetet werden durch die Schaffung von neuen Kulturidealen und deren Umsetzung in Subkulturen sowie Erprobung von Gegenmacht innerhalb bestehender Institutionen (durch „Gegeninstitutionen", „Gegenöffentlichkeiten" et cetera). Dergestalt argumentierend und handelnd, vermittelte sie ein neues Verständnis von Politik. Es implizierte, Missstände nicht einfach in politische Kanäle abzuleiten, sondern sich ihrer anzunehmen, sie zu artikulieren, auf sie aufmerksam zu machen und Lösungsmodelle zu erproben[35]. Die „Neue Linke" setzte auf eine Politisierung der Gesellschaft „von unten". Ihr Politikverständnis überschnitt sich mit dem der Bürgerbewegung in Prag, die Praktiken einer „societas civilis" (Zivilgesellschaft), gegen den Etatismus und demokratischen Zentralismus des realen Sozialismus setzte.

---

[34] Vgl. Pierre Bourdieu. Sozialer Raum und „Klassen", in: ders., Sozialer Raum und „Klassen". Leçon sur la Leçon. Zwei Vorlesungen, Frankfurt a.M. 1985, S. 7–46; hier S. 18f.; Pierre Bourdieu, Was heißt sprechen? Die Ökonomie des sprachlichen Tausches, Wien 1990, S. 131.

[35] Vgl. Richard Flacks, Die philosophischen und politischen Ursprünge der amerikanischen New Left, in: Ingrid Gilcher-Holtey (Hrsg.), 1968. Vom Ereignis zum Gegenstand der Geschichtswissenschaft, Göttingen 1998, S. 151–167, hier S. 164.

Wenn man die Erweiterung des Politikbegriffs und die Grenzverschiebungen des Politischen, die von Theoretikern wie Jürgen Habermas und Claus Offe konstatiert wurden[36], in die Analyse einbezieht, kann sich die Untersuchung der Wirkungen von „1968" nicht allein auf die Untersuchung der in „politische Kanäle" eingespeisten Impulse und Forderungen erstrecken. Dies relativiert den historisch-empirischen Wert und die Forschungsleistung des Münchener Projekts nicht, aber den Absolutheitsanspruch seiner Negation der Effekte und Folgen von „1968". Denn die Wirkungen der „68er" Bewegung sind dann nicht nur allein auf der Ebene staatlicher Reformprojekte zu sehen und zu suchen: Staatliche Regulierung wird, aus dieser Perspektive, vielmehr nur zu einem Fall der Strukturierung sozialen Wandels durch soziale Bewegungen, kollektive Selbstregulierung durch Selbsthilfe und Selbstorganisation zu einem anderen. Wirkungen und mitunter lang anhaltende Effekte wären daher auf der Ebene der Lebensläufe derer, die an der „68er"-Bewegung partizipierten[37], ebenso auszuloten wie auf der Ebene der Nachfolgebewegungen der „68er"-Bewegung (etwa der Frauen- und Umweltbewegung), die an die Aktionsstrategien und die basisdemokratische Grundorientierung der „68er"-Bewegung anknüpften. Mögliche Effekte sind, last but not least, auf der Ebene der politischen Kultur, der Veränderung der Sprache und Begriffe (Macht, Gewalt, Fortschritt, Politik), der Veränderung der Rolle und des Mandats des Intellektuellen, der Veränderung von Denk- Wahrnehmungs- und Klassifikationsschemata zu analysieren (die die Regeln der Regeln verändern und neue Sichtweisen, neue Einstellungen und damit potentiell auch neue Handlungsdispositionen schaffen) sowie auf der Ebene der sozialen Praktiken nicht nur im Hörsaal, sondern beispielsweise auch im Gerichtssaal auszuloten. Noch Turbulenzen wie der Aufstand der Lektoren im Suhrkamp Verlag in der „Nacht der langen Messer"[38], deren Wirkung nur Monate andauerte, rücken in die Reihe der politischen Folgen von „1968" ein.

Soziale Bewegungen sind aber nicht nur Produzenten, sondern auch Produkte sozialen Wandels. Sie sind eingebunden in gesellschaftliche De-

---

[36] Vgl. Claus Offe, New Social Movements: Challenging the Boundaries of Institutional Politics, in: Social Research 52 (1985), S. 817–867.
[37] Vgl. dazu das Forschungsprojekt von Robert Gildea u. a., Around 1968: Activism, Networks, Trajectories, unterstützt vom Arts and Humanities Research Council des Vereinigten Königreichs, dem Leverhulme Trust und der British Academy, basierend auf der Untersuchung von mehr als 400 Aktivisten und 100 Aktivisten-Netzwerken in 13 europäischen Ländern; https://around1968.modhist.ox.ac.uk (Stand 31.1.2011).
[38] Gemeint ist der Versuch von Lektoren des Suhrkamp Verlags im Oktober 1968, den Verleger Siegfried Unseld zu entmachten.

batten und überschneiden sich mit politischen und sozialen Reformprozessen. Indes, es gibt keinen determinierenden Zusammenhang zwischen den sozialen Veränderungen der 1960er Jahre und dem Mobilisierungsprozess der „68er"-Bewegung. So stellt die Studie des Institut d'Histoire du Temps Présent (Paris) in ihrer Einleitung heraus:

„Auf keinen Fall darf man einen absoluten Determinismus zwischen den großen sozialen Veränderungen der 60er Jahre und den Protestphänomenen von 1968 sehen. Die Ersteren sind keineswegs vorherbestimmt, die Zweiten zu erzeugen."[39].

Und Michelle Zancarini-Fournel flankiert die These Robert Franks in ihrem Resümee mit dem auf Quellenrecherchen beruhenden Argument:

„Weder die Veränderung der Lage der Frauen (,condition féminine'), noch die Wahrnehmung dieser Veränderungen durch verschiedenen Medien, noch die Aktivitäten der Zentren für Familienplanung (,Planning familial') führen notwendigerweise zur Entwicklung einer Frauenbewegung wie derjenigen, die Frankreich ab den 70er Jahren kennen gelernt hat."[40]

Daraus folgt: Die Erklärung der Entstehung und Mobilisierungsdynamik der „68er"-Bewegung setzt einen mehrdimensionalen, multifaktoriellen, interaktionistischen Ansatz voraus. Sie geht nicht im Narrativ von der Fundamentalliberalisierung auf, lässt sich nicht einfach unterpflügen. Die Studentenbewegung in Frankreich und der Bundesrepublik Deutschland hat sich, um ein Beispiel zu nennen, gegen die Modernisierung der Universität im Sinne eines Übergangs von der tradierten Bildungsidee zur Bildung als Ausbildung gewandt. Sie hat gegen diesen Paradigmenwechsel aufbegehrt und ist daher nicht, wie Anne Rohstock folgert, als Epigone akademischer Vordenker des Durchbruchs eines neuen Bildungsverständnisses anzusehen[41]. Auch die Forderung nach Mitbestimmung, verankert in der Tradition der deutschen Gewerkschaften und der SPD, ist nicht einfach aufgegriffen und übernommen worden, denn dort, wo sie gestellt wurde, beispielsweise in den Verlagen (von Lektoren und Autoren) war sie nicht vorgedacht oder geplant. Auch flossen in die Praktiken, nach denen Mitbestimmung experimentell erprobt wurde, die Vorbilder des „Mai 68" in Frankreich und damit transnationale Impulse ein.

Trotz dieser Einwände bleibt festzuhalten, dass das Projekt „Reform und Revolte" einmal mehr zeigt, dass „1968" viele Facetten hat. Weit davon ent-

---

[39] Robert Frank, Introduction, in: Geneviève Dreyfus-Armand u. a. (Hrsg.), Les Années 68. Le temps de la contestation, Paris 2000, S. 13–21, hier S. 16.
[40] Michelle Zancarini-Fournel, Conclusion, in: ebenda, S. 495–502, hier S. 499.
[41] So Anne Rohstock in ihrem Beitrag für diesen Band.

fernt, die „68er"-Protestbewegung „zu einem legendenumrankten Phänomen"[42] zu stilisieren, greift es in die Deutungskämpfe um die Rolle und Funktion von „1968" ein, kritisiert es Narrative, offeriert neue Thesen, bricht die Verengung des Phänomens auf sexuelle Revolution, Rock & Pop oder den Terror der Roten Armee Fraktion auf und weitet damit den Blick auf „1968".

---

[42] Hans-Ulrich Wehler, Deutsche Gesellschaftsgeschichte, Bd. 5: 1949–1989, München 2008, S. 310.

Abkürzungen

ACDP	Archiv für Christlich-Demokratische Politik, Sankt Augustin
ACSP	Archiv für Christlich-Soziale Politik, München
AdsD	Archiv der sozialen Demokratie, Bonn
AfS	Archiv für Sozialgeschichte
Anm.	Anmerkung
APO	Außerparlamentarische Opposition
BAK	Bundesarchiv, Koblenz
BA-MA	Bundesarchiv – Militärarchiv, Freiburg
BayHStA	Bayerisches Hauptstaatsarchiv, München
BMZ	Bundesministerium für wirtschaftliche Zusammenarbeit
BWA	Bayerisches Wirtschaftsarchiv, München
CDU	Christlich Demokratische Union
CISNU	Conföderation Iranischer Studenten-Nationalunion
CSU	Christlich Soziale Union
DDR	Deutsche Demokratische Republik
Ders.	Derselbe
Dies.	Dieselbe/dieselben
DM	Deutsche Mark
DUZ	Deutsche Universitätszeitung
EZA	Evangelisches Zentralarchiv, Berlin
E+Z	Entwicklung und Zusammenarbeit
FDP	Freie Demokratische Partei
GWU	Geschichte in Wissenschaft und Unterricht
GuG	Geschichte und Gesellschaft
HHStAW	Hessisches Hauptstaatsarchiv, Wiesbaden
IfSG	Institut für Stadtgeschichte, Frankfurt am Main
IfZ	Institut für Zeitgeschichte
IHTP	Institut d'Histoire du Temps Présent
KPD	Kommunistische Partei Deutschlands
LHV	Landeshochschulverband
LTF	Landtagsfraktion
NDR	Norddeutscher Rundfunk
NL	Nachlass
OECD	Organisation for Economic Co-operation and Development
OPEC	Organization of Petroleum Exporting Countries
RAF	Rote Armee Fraktion

SDS	Sozialistischer Deutscher Studentenbund
SFOM	Sozialistische Frauenorganisation München
SPD	Sozialdemokratische Partei Deutschlands
StK	Staatskanzlei
UN	United Nations
USA	United States of America
VfZ	Vierteljahrshefte für Zeitgeschichte
WP	Wahlperiode

Autorinnen und Autoren

Dr. Patrick Bernhard, Historiker, Junior Fellow am Freiburg Institute for Advanced Studies, 1999–2003 wissenschaftlicher Mitarbeiter im Institut für Zeitgeschichte München – Berlin.

Dr. Ingrid Gilcher-Holtey, Historikerin, Professorin für Allgemeine Geschichte unter besonderer Berücksichtigung der Zeitgeschichte an der Universität Bielefeld.

Dr. Bastian Hein, Historiker, wissenschaftlicher Mitarbeiter im Institut für Zeitgeschichte München – Berlin.

Dr. Manfred Kittel, Historiker, Gründungsdirektor der Stiftung Flucht, Vertreibung, Versöhnung, apl. Professor für Neuere und Neueste Geschichte an der Universität Regensburg, 1992–2009 wissenschaftlicher Mitarbeiter im Institut für Zeitgeschichte München – Berlin.

Dr. Anne Rohstock, Historikerin, wissenschaftliche Mitarbeiterin an der Fakultät für Sprachwissenschaften und Literatur, Geisteswissenschaften, Kunst und Erziehungswissenschaften der Universität Luxemburg, 2004–2008 wissenschaftliche Mitarbeiterin im Institut für Zeitgeschichte München – Berlin.

Dr. Axel Schildt, Historiker, Direktor der Forschungsstelle für Zeitgeschichte in Hamburg; Professor für Neuere Geschichte an der Universität Hamburg.

Dr. Udo Wengst, Historiker, stellvertetender Direktor des Instituts für Zeitgeschichte München – Berlin, Honorarprofessor für Zeitgeschichte an der Universität Regensburg.

Dr. Elisabeth Zellmer, Historikerin, Programmkoordinatorin am Rachel Carson Center for Environment and Society der Ludwig-Maximilians-Universität München, 2006–2010 wissenschaftliche Mitarbeiterin im Institut für Zeitgeschichte München – Berlin.

Zeitgeschichte im Gespräch

Band 1
Deutschland im Luftkrieg
Geschichte und Erinnerung
D. Süß (Hrsg.)
2007. 152 S. € 16,80
ISBN 978-3-486-58084-6

Band 2
Von Feldherren und Gefreiten
Zur biographischen Dimension des
Zweiten Weltkriegs
Ch. Hartmann (Hrsg.)
2008. 129 S. € 16,80
ISBN 978-3-486-58144-7

Band 3
Schleichende Entfremdung?
Deutschland und Italien nach dem
Fall der Mauer
G.E. Rusconi, Th. Schlemmer,
H. Woller (Hrsg.)
2. Aufl. 2009. 136 S. € 16,80
ISBN 978-3-486-59019-7

Band 4
Lieschen Müller wird politisch
Geschlecht, Staat und Partizipation im
20. Jahrhundert
Ch. Hikel, N. Kramer, E. Zellmer
(Hrsg.)
2009. 141 S. € 16,80
ISBN 978-3-486-58732-6

Band 5
Die Rückkehr der Arbeitslosigkeit
Die Bundesrepublik Deutschland im
europäischen Kontext 1973 bis 1989
Th. Raithel, Th. Schlemmer (Hrsg.)
2009. 177 S. € 16,80
ISBN 978-3-486-58950-4

Band 6
Ghettorenten
Entschädigungspolitik, Rechtsprechung
und historische Forschung
J. Zarusky (Hrsg.)
2010. 131 S. € 16,80
ISBN 978-3-486-58941-2

Band 7
Hitler und England
Ein Essay zur nationalsozialistischen
Außenpolitik
1920–1940
H. Graml
2010. 124 S. € 16,80
ISBN 978-3-486-59145-3

Band 8
Soziale Ungleichheit im Sozialstaat
Die Bundesrepublik Deutschland und
Großbritannien im Vergleich
H.G. Hockerts, W. Süß (Hrsg.)
2010. 139 S. € 16,80
ISBN 978-3-486-59176-7

Band 9
Die bleiernen Jahre
Staat und Terrorismus in der
Bundesrepublik Deutschland und
Italien 1969–1982
J. Hürter, G.E. Rusconi (Hrsg.)
2010. 128 S. € 16,80
ISBN 978-3-486-59643-4

Band 10
Berlusconi an der Macht
Die Politik der italienischen Mitte-
Rechts-Regierungen in vergleichender
Perspektive
G.E. Rusconi, Th. Schlemmer,
H. Woller (Hrsg.)
2010. 164 S. € 16,80
ISBN 978-3-486-59783-7

Band 11
Der KSZE-Prozess
Vom Kalten Krieg zu einem
neuen Europa 1975 bis 1990
H. Altrichter, H. Wentker (Hrsg.)
2011. 128 S. € 16,80
ISBN 978-3-486-59807-0

Bei Fragen zur Produktsicherheit wenden Sie sich bitte an:
If you have any questions regarding product safety,
please contact:

Walter de Gruyter GmbH
Genthiner Straße 13
10785 Berlin
productsafety@degruyterbrill.com